MAKING LEARNING FUN

让学习变得有趣

英国第一龄大学（University of the First Age）

入选
《中国教育报》
“教师喜爱的100本书”
★★★
之TOP10

中国青年出版社
CHINA YOUTH PRESS
中青文传媒

图书在版编目（CIP）数据

让学习变得有趣 / 英国第一龄大学著；郑晓梅译.
—北京：中国青年出版社，2019.11
书名原文：Making Learning Fun
ISBN 978-7-5153-5778-2
Ⅰ.①让… Ⅱ.①英… ②郑… Ⅲ.①课堂教学—教学研究—中小学 Ⅳ.①G632.421
中国版本图书馆CIP数据核字（2019）第189038号

让学习变得有趣

作　　者：[英] 英国第一龄大学
译　　者：郑晓梅
责任编辑：肖妩嫔
文字编辑：贾倩颖
美术编辑：靳　然
出　　版：中国青年出版社
发　　行：北京中青文文化传媒有限公司
电　　话：010-65511270/65516873
公司网址：www.cyb.com.cn
购书网址：zqwts.tmall.com　www.diyijie.com
印　　刷：三河市文通印刷包装有限公司
版　　次：2019年11月第1版
印　　次：2019年11月第1次印刷
开　　本：787 × 1092　1/16
字　　数：60千字
印　　张：11.5
京权图字：01-2019-3556
书　　号：ISBN 978-7-5153-5778-2
定　　价：39.00元

MAKING LEARNING FUN

目　　录

前言

学习很艰苦，是思想、情感和行动相互作用的过程，同时也极具挑战性。我们知道，在学习的时候，如果能尽量多地投入积极的情感，尽量多采取行动，那么学生学到的知识就更牢固。不管是学着与他人相处、记忆和思考，还是学着改变自己，有几百种游戏和几百个概念可以让学习与乐趣联系起来，本书仅仅提供了一小部分样本而已。毫无疑问，让学习充满乐趣，对教师和学生都有益处，因为在生活中，能让我们欢笑的事，当然越多越好。利用各种活动，让学习充满活力，能让学生达到最佳的学习状态——一种“流畅”的学习状态。关于这个主题，内容极其丰富，本书所探讨的不过是冰山一角罢了。所以，请以本书的内容为工具、路标，探索并创造出其他更多可行的应用之法吧。

本书由四部分组成。

第一部分讲的是让学生学习了解自己。如果在学习时自我感觉良好，那学生会深受鼓舞。同时，学生也会对自己的学习潜力感到惊讶，这绝对是件两全其美的事。

第二部分讲的是教会学生学习与他人相处。学习是种社会活动，如果和其他人一起学习，学到的东西就更多，而且，团队学习也不失为一件有趣的事。但是请记住，并不是每个人都喜欢和团队一起学习。

第三部分讲的是通过游戏和活动来记忆、思考和学习。这些游戏和活动可以根据实际情况进行调整，使得应用学科知识具有无穷乐趣。

最后一部分提出要营造合适的学习环境，通过组织一些有趣的活动，让学习更为深入。

英国第一龄大学（UFA）是家全国性的慈善机构，旨在与年轻人一起，提供有挑战性、丰富多彩的学习活动。我们的目标是深入思考学什么、在哪儿学、怎么学的问题。我们与学生共同合作，培养他们的能力，鼓励他们发掘自己的潜能。我们并不能为所有问题提供答案，但我们乐于尝试，鼓励人们进行实证研究，测试并证实可行之法。

本书中提到的所有活动都已经经过实践证明，或许在你身边的某间教室里就成功实践过。

“请把这句话牢牢印刻在你的脑海里——当学习有乐趣时，学习才最有效。”

——彼得·克莱因

“要想快速、有效地学习，你就必须亲眼看到，亲耳听到，亲自感觉。”

——托尼·斯托克维尔

MAKING LEARNING FUN

第 1 章

让学生变得更强大

学习是否有趣，很大程度上取决于学习者是否能够不断激励自己。了解自己的优势和劣势后，学习者可以通过很多有趣的办法全身心地投入学习。例如，我们可以了解大脑的潜能，并揭开智能的神秘面纱。

学生有“超能力”

为什么

我们的大脑非常神奇，探索大脑的秘密可以极大地激励学习者。目前，针对大脑的研究成果正在以惊人的速度增加，不过要将这些研究成果应用于学习研究中，我们必须慎之又慎。大脑的利用率是多少？对此，数据很多，众说纷纭。例如，有些人认为我们只使用了大脑的10%。事实上，这还是个迷，实际上我们根本就不知道大脑究竟被使用了多少。

然而，人们普遍认为我们低估了自己的潜能。有时候，我们没能激发孩子们对自己所拥有的潜能的好奇之心和敬畏之意。思考关于大脑的问题很有益，也很有趣，可以帮助学生意识到，他们的潜能远远超过了其所展现出来的能力。如果想把学习变成一件快乐的事情，那我们就得明白，我们吃什么、喝什么、睡多长时间的觉、承受多大的压力，以及大脑对不同刺激所做出的反应会对我们产生怎样的影响。

组织一些教学活动向学生介绍有关大脑的知识，让他们了解自己的大脑所拥有的能力。如果学生们为之感到兴奋、诧异，那他们很可能会因此明白如何能更高效地学习。一个人在出生的时候，只有三分之一的脑细胞相互连接在一起，其他细胞都等着大脑在学习新东西时对其产生刺激。然后，我们会经历一个“精简”大脑细胞的过程，这个过程会一直持续到二十多岁。总体原则好像就是：要么使用，要么失去。

关于大脑，还有很多未知领域有待探索，而新的发现也不断给我们带来震撼和困惑。我们知道的是，每个孩子都有取得成功的能力。

如何做

- 让一个学生拿上数字卡片1，站在全班同学的面前。然后，让拿数字卡片0的学生们一个一个走出来，站在第一个学生的后面。让全班同学进行判断，认为已经达到人们出生时平均拥有的神经元（脑细胞）的数量时就举手，等数字达到1000亿时停止游戏。还有一种玩法，把数字卡片1和二十多个数字卡片0贴在教室的墙上，让学生们站在他们认为正确的数字边上，或者把学生分组，把数字给学生，让他们把自己猜测的数字摆出来。然后，告诉学生们，受到刺激时，神经元就会连接起来。如果我们不停地刺激神经元，它们之间的连接会更紧密。

- 把教室想象为一个巨大的大脑，每个学生就是一个脑细胞（神经元）。请三分之一的学生站起来，以某种方式连接起来，例如手拉手，模拟相互之间传导电子脉冲；再比如，可以让学生说出“连接”这个词。现在，让班上其他同学站起来，所有人都相互连接起来——他们能够看出有什么区别吗？如果你让学生们用说话来表示连接，那你还能听出不同之处吗？

- 延展活动：学生们的年龄越大，他们收集到的有趣的事实越多。将学生分组，让他们研究大脑的能力，并做成海报展示出来，比赛看哪一组的发现更有趣和令人震惊。还可以组织另外一个延展活动：让高年级的学生给低年级的学生展示一些研究结果，让低年级的学生学习大脑的神奇之处。

大脑需要什么

为什么

众所周知，优秀的运动员必须保持身体健康。他们必须吃好、睡好、刻苦训练。而要想学习好，也必须要照顾好自己的大脑。

通过做好下面这几件事，你可以提高大脑的能力：

- **充足的睡眠**。大脑需要时间来整合白天接收到的信息。
- **充足的饮水**。脱水可导致头疼、疲惫。喝水并不是让你喝茶、咖啡或汽水等，水就是指纯净水。
- **平衡的饮食**。多食用“大脑食粮”，如鱼和绿色蔬菜。
- **适当的锻炼**。大脑消耗的氧气占人体吸入氧气量的20%，所以，定期进行有氧运动很重要。同时，锻炼还有助于改善情绪，缓解压力。

- **健康的饮食**。要避免摄入过量的巧克力、咖啡、糖、汽水、有添加剂的食品和烟、酒。这些物质会干扰信息在细胞间的传导，所以对大脑有害。

如何做

学习背包：这是个入门活动，和复习活动一样，非常有用。两个活动一起开展的话，效果也非常好，可帮助学生形成自己的“学习工具包”。根据我们对大脑的认知，背包里放的东西对学习至关重要。

请几位学生自愿走到教室的前面，让他们把手伸进背包里面摸出一件东西，然后站到同学们面前，把拿出来的东西举起来。请各位志愿者或其他同学解释一下，他们认为这些东西代表着什么。把下面这些东西放在背包里：

● **香蕉：**香蕉是特别优质的对大脑发育有帮助的食物。

● **瓶装水：**实现智能学习，为大脑补充水分必不可少。

● CD：音乐有助于我们学习。

● **彩色卡/一盒水彩笔：**大脑喜欢色彩。当我们需要记忆一些东西时，用彩色笔划重点很有帮助。

● **地图：**我们需要知道自己前进的方向，需要设定目标。大脑喜欢掌握全局，知道我们正在学习什么，以及为什么要学习这些东西。

- **一截绳子：**我们的大脑是社交型的，需要与其他人的大脑进行交流。这个方法的做法是，让两个志愿者握住绳子的两端。

- **笑脸贴纸：**笑脸代表着积极的人生观和人生态度。当你命令大脑做一件事情，如果大脑觉得做不到，那可能真的做不成；如果大脑觉得能做到，那做成的可能性更大。

- **枕头：**睡眠对于学习至关重要。

- **照相机：**大脑喜欢图片，每小时可辨识高达三万五千幅图片。

- **运动鞋：**活动有助于学习，定期运动很重要。

认识多元智能

为什么

根据霍华德·加德纳教授的观点，所有人至少有八种不同的智能。他有意识地使用了“智能”这个词，就是为了与我们对“智能”的传统看法形成对比。在任何一群人里面都可以发现好几种智能，意识到这一点很重要。不要想着每节课都围绕不同类型的智能开展不同的活动，这样做太盲目了。要确保在讲某个主题，或者是做某个项目时把所有智能都照顾到。布置任务时，涉及的智能最好不止一种。

并不是所有研究人员都同意加德纳的观点，比如，人们评价一个年轻人很愚笨，而年轻人也会把这个看法内化到自己的行为中。所以，想到自己在不同方面可以变得很聪慧，人们往往会觉得深受鼓舞。组织活动，探索多元智能的隐喻，这个活动很有趣，也可以帮助学生学习如何学习，可以帮助学生思考如何利用自己的优势，以一种快乐的方式来学习困难的东西。例如，可以创作一首说唱音乐来解决一些数学问题。

加德纳认为智能包括：

- 人际智能
- 自然认知智能
- 自我认知智能
- 语言智能
- 逻辑/数学智能
- 身体运动智能
- 音乐智能
- 视觉/空间智能

请记住：每个人都拥有这八种智能，不过有一些智能要比其他智能突出些，很少有人主要只依赖一种智能。根据加德纳的观点，所有智能都可以被培养，所以组织一些涉及多种智能的活动，让学生有机会尝试，并培养那些他们不太使用的智能很重要。

如何做

下面是培养多元智能活动的例子。

法国歌曲/说唱乐

让学生们列出他们需要学会的20个法语单词，然后选择喜欢的调子写一首歌或者写一首说唱，但必须把需要学会的所有单词包含在内。等他们熟记音乐后，在班里其他同学面前表演。

历史故事或地理故事

让学生们列出某个历史或地理主题的关键词，如果时间顺序很重要的话，他们应该把关键词按顺序排列。然后让学生们写一个故事，把所有关键词包含在内，写的故事应该内容丰富并且有趣。等他们把所有关键词都标出来，让他们把故事读出来，读到每个关键词的时候，做一个特定动作强化这个关键词。

音乐拼图或术语拼图

让学生们列出一些关键词，并为每个词写出定义。让他们把词组和定义写在卡片上，可以加上图片，也可以涂上颜色，然后把卡片剪开，做成拼图，注意词组要和相应的定义分开。把所有拼图打乱，看其他学生多长时间内可以把拼图拼好。

数学卡片

每个学生需要拿四张卡片，分别在每张卡片写上：

1. 需要了解的规则或方法
2. 用这个方法需要解决的一个例题
3. 自己编的四到五个问题
4. 这些问题的答案

为便于记忆，要求学生们把卡片涂上颜色，并画上卡通画。然后把所有卡片打乱，看看其他学生能不能把问题和方法、答案和问题一一对应起来。

人物街

（适用于学习小说）让学生们列出小说中的人物，写出每个人物的一些关键特点。然后让学生们自己想象一条街道，这些人物在这条街道的房子里生活（一家人应该生活在一起）。然后让学生画一幅街道平面图，标出谁住在哪里，让他们想象自己沿着街道散步，依次碰到了在街道上居住的每一个人。这个活动也适用于学习诗集。

找出学生拥有的多元智能

为什么

尽管没有一个人会只依赖这八种智能中的其中一种，但是每个人都想知道自己最重要的智能是什么——而其发现之旅也是件乐事。对于个人来说，知道自己最倾向于哪种智能很有用；对于老师来说，知道在教的学生中拥有哪种智能的学生占大多数，同样颇有裨益。然而，一定要记住：随着新的能力的培养，智能会有所改变，所以个人和团队的性质可能改变得非常快。此外，虽然发挥优势很重要，但我们不应该只参加那些有助于开发主要智能的活动，要试着使用那些我们暂时并不拥有的智能，这样有助于这些智能的开发。

目前，可以通过很多测试来判断你自己以及学生的主要智能是什么。有些测试在网上就可以做，大部分测试的原理是这样的：回答“我喜欢通过听别人讲解来学习”“听音乐时，我能分辨出不同的乐器声”等类似的问题，把这些问题按1～5分进行打分，或者回答是或不是。

这些测试可以快速测出被测试者当时的智能倾向，但是关于这些测试的回答非常主观，可能每一天的答案都不尽相同，这取决于被测试者是否喜欢某些活动。此外，这些问题不可能考虑到各个智能的所有微妙之处。不过，这些问题很有趣，很快就能答完。最好是在讨论多元智能的时候做这个测试，一开始可以选一些名人的照片，讨论一下他们为什么聪明，或者他们以前为什么聪明。

如何做：多元智能跑跑跑

还有一种方法可以让年轻人反思自己在哪些智能上具有优势，那就是：给学生们布置一些简单的任务，看他们觉得哪些做起来最轻松，哪些最不轻松。把这些任务设计成不同的工作站，将学生们分到不同的工作站，先完成本工作站的任务，规定的时间到了后再转到下一个工作站完成任务。规定的时间要短，这样有助于学生快速思考找到完成任务的方法。

可以布置的任务包括：

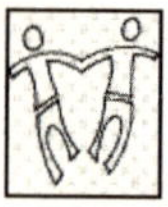

人际智能——看一些展示人们发生冲突的场景照片，让学生们说说可能发生了什么问题，以及如何解决这些问题。或者也可以进行角色扮演，找到解决问题的办法。

自我认知智能——想象你被抛弃在一个孤岛上，写下一天的日记（这个任务可以口头完成）。

逻辑/数学智能——做一些数字智力游戏。

音乐智能——听一张轻音乐唱片，确定演奏的是什么乐器，试着给这首曲子起个名字。

自然认知智能——把一叠印有动植物图片的卡片归类。

语言智能——看看能从一个长单词中分解出多少个单词，如photosynthesis。

身体运动智能——单凭触觉分辨出触摸盒中有哪些物品。

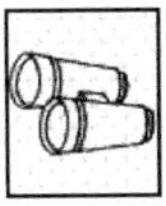

视觉/空间智能——找出几乎完全相同的两张图片的不同之处，或者根据示意图找出房间里藏的东西。

人体柱状图

将代表各种智能的海报贴在一面墙上，等学生尝试过所有的活动，并找出自己最主要的智能后，让他们将自己的照片贴在最能代表自己的海报旁边。

学生在学习上的优势和劣势

为什么

知道自己擅长什么，在什么方面容易受挫，我们就可以享受到更多的学习乐趣。意识到自己在学习上的优势和劣势后，我们就可以思考如何利用或避开这些特性。这些特性可以指学习方式，也可以指个性。市面上有很多关于调查学习方式的问卷，但是它们之中也有很多令人存疑的做法。根据相关研究，我们似乎应该慎重使用学习方式。不过，让学习者自己思考这个问题很有价值，而且可以以一种愉悦、活跃的方式进行思考。

小贴士

不要一开始就给学生贴上某某学习方式的标签，比如说“他擅长于通过运动来学习”。这样的说法只会限制学生的发展。秘诀就在于，要让学习者自己明白学习很复杂，然后利用自己的认识不断进步。

如何做：如果你……

玩这个游戏的时候，学生要坐成一圈，说出一个命题，如果学生同意这个说法，或者觉得这个说法适用于自己，就站起来，迅速和其他人交换位置。这个游戏很有活力，可以让学生快速审视自己的想法，很适合做破冰活动。

适合这个游戏的命题可以包括：

站起来，交换位置

……如果你喜欢动手做东西

……如果你很难完成任务

……如果你喜欢一边学习一边听音乐

……如果你喜欢独立工作

……如果你喜欢深入钻研问题

……如果你喜欢知道为什么要做某件事情

……如果你发现做笔记很难

……如果思维导图对你有用

可以想一些与学习技巧和学习偏好有关的命题，这样师生双方就知道哪些方面还需要指导。中间还要掺杂一些学生感兴趣的命题，比如“你喜欢不喜欢某某流行乐队”或者“你喜欢不喜欢某某足球队”。

梦想
信仰
行动

鼓励学生与自己“对话”

为什么

当下，很多研究证明：积极的自我对话具有强大的力量，而负面的信念则会限制我们的潜能。大量的流行心理学让人们觉得好像积极的自我对话很容易。但其实，有时候，要想在学习上获得成功，失败和困难必不可少。关键在于，我们如何定位学习，如何直面困难。

如果我们能够认识、质疑并重塑自我对话，就能够增加学习乐趣，提高学习动力。我们脑袋里那个小小的声音可以派上大用场！养成习惯很重要，因此我们必须鼓励自己，鼓励学生与自己对话，并享受其中的乐趣。

放眼世界，体育界、艺术界或职场上的顶尖高手之所以能够问鼎巅峰，无一例外是因为他们比别人更刻苦。同样，以上这个观点已得到证实，而且证据确凿。

如何做：鼓舞人心的故事

这个活动旨在通过事例，观察积极思维具有的神奇力量。给全班同学读一下克里夫·杨的故事的摘要，让学生就积极思维进行思考，并激励学生分组讨论。

克里夫·杨61岁的时候，决定参加世界上最长、对身体素质最具挑战性的马拉松。悉尼墨尔本超级马拉松全长约600公里，大约耗时五天。克里夫当了一辈子的牧羊人，没有任何赛跑经验，他根本不知道要跑多久，他就那么参赛了。和他同台竞赛的，包括全球最身强力壮的运动员。最终他跑了第一名——比第二名快了九个小时。

克里夫究竟是怎么赢得比赛的呢？他不是运动员，没有特殊装备，也没有接受过马拉松赛跑的培训。组织小组讨论，让学生说说克里夫具备哪些品质。他是个什么样的人呢?

克里夫觉得自己跑得下来，但其他人都觉得他疯了。他有没有因为别人对他的看法而停住脚步呢？他不但没有，反而相信自己一定可以。

- 我们能从克里夫身上学到什么?
- 这对你的学习有什么帮助?
- 你还知道其他黑马（出人意料的优胜者）的故事吗?

（在这里，关键在于，因为克里夫没有跑过马拉松，所以他没有先入为主的想法，也没有让自己的信念受到限制。克里夫之所以能赢得比赛，是因为他一直跑，根本就没有歇过，因为没人告诉他其他选手还会睡觉。在农场，他习惯了整夜整夜地追赶羊群，躲避暴风雨。当他报名参赛的时候，媒体都以为他疯了，甚至以为他会死在赛场上。）

改变心态

为什么

尽管我们必须避免对自己的能力有不切实际或过于乐观的看法，但从克里夫·杨的故事（见本书第36页）中，我们可以看出，其他人对我们的看法对我们的制约有多大。但是，自我对话同样具有很强的限制性。如果我们认为某件事情很无聊的话，除非我们以完全不同的角度来对待这件事情，否则我们真的会把这件事情变得无聊透顶。有大量优秀的心理学研究证明，如果我们有更积极的人生观，那我们可以改变自我对话，让学习变得更有趣。然而，有些事情做起来很难。有时候为了更好的学习，我们必须先经历失败。

如何做：挑战你的信念

设计这个活动，旨在鼓励学生评估自己的学习动力，从而减少那些制约学业学习的想法。

找张纸，在上面写上20～30句话，这些话都是做作业前可能会有的想法，这些说法中既要有正面的，也要有负面的。例如：

- “我能做完。”
- “我不想做。”
- “太棒了！”
- “太无聊了！”
- “我会很高兴。”
- “我很害怕。”
- “可能会很难。”
- “我真的喜欢做这个。”
- “我想我会试一试。”

- “我讨厌这类东西。”

请学生们想三个作业：一个是他们喜欢的，一个是他们不喜欢的，一个是他们认为没有意义的。让他们用不同颜色的笔把想到某个作业时最能表达他们感觉的想法画出来，然后看看这些负面/正面的自我对话。

为了鼓励自己，可以：

- 想想我为什么想做这个？

- 想想这件事能帮我获得什么？

- 倾听自己内心的声音。每次写作业的时候，你真的是想到“我做不到”或者“我不会去做”吗？你如何质疑自己内心的声音呢？

- 想象自己现在正在做一件事，并为此倾注强烈的情感，不断暗示自己。例如，“我喜欢把这件事做成。”例如，“想想未来，等……我会……”这样想着，会让自己得到更好的心理暗示，相信自己会从中受益良多。

如果你仔细思考自己为什么需要做这件事情，你可能会想出一个合理的原因。一旦你想出这个原因，你对此的态度可能就更积极。

向自己承诺：一定要改变自己内心的看法。告诉别人，可以是朋友、老师，或者是家人，你打算做出怎样的改变。

教会学生认识自己的情绪

为什么

通常，当我们进入新的学习环境或者走进熟悉的课堂后，有一些情绪依然在我们的头脑中纷纷扰扰，我们可能意识到了这些情绪的存在，也可能根本没有意识到它们的存在。有时候，这些情绪使我们无法享受学习的乐趣，或者让我们不能全神贯注。我们可以养成一些既有用又有趣的习惯，把这些情感“沉淀”下来，或者至少可以让我们稍稍调整自己，更加投入地学习。就像人们总问我们其他事情一样，如果别人总问我们感觉如何，我们往往不愿意回答，即使回答，也是说的表面文章，所以这部分内容仅仅短暂触及了我们的直觉和无意识的过程。在为复杂任务做规划并从中学习时，预感、直觉和情绪重构极其重要，这一点神经学研究已有明证。

小贴士

想了解更多关于评价及情感方面的内容，请参阅匹普·威尔逊和龙澜的著作The Big Book of Blobs。

如何做

在房间里摆上一些风景照片，展示不同类型的风景。让学生们自由走动，选择一幅能够代表自己的感受的照片，并和同学们分享一下选择的原因。如果学生们一开始很难做到这一点，那就为他们做一下示范。

例如，我选了一幅海浪拍打海滩的照片，因为我觉得自己飘忽不定，就像拍打在沙滩上的海浪一样。学生们不必透露自己的感受，不过，他们要想象一下照片中的风景，并想想这幅照片是如何与他们的情感相互呼应的。如果他们选的场景反映出的是负面情绪，那就让他们再选一幅让他们觉得更快乐或更安全的照片。

“测量温度”法

为什么

因为思想和感觉相互交织，所以不能只让学生死记硬背课程内容，而要让学生表达自己学习时的感受，这点非常重要。在学习课程时或在课程学完后，可以使用一些有趣的方法来“测量温度”。养成定期使用的习惯，每次花一点时间，用不同的比喻来帮助学生了解知识掌握程度，从而帮助他们牢牢记住知识。可以从简单的“测量温度”开始。画一个大大的温度计，让学生评估自己在温度计上所处的位置，并标出来。高温代表真的学会了，低温表示一点头绪都没有。第46页的应用部分进一步拓展了这种方法。

如何做

“如果我是……”

“测量温度”这个活动非常有用，可用于评估某门课或某个学习主题的掌握情况。这个活动是这样的：先选定一类物品，如乐器、水果或动物，然后让学生造句。“如果我是种乐器，那我会是……”，用这样的句子来描述他们的学习感受。例如，一个学生说：“我会是把电吉他，因为我感觉自己总是叮叮当当的，情绪总是很激动。”另一个学生说：“如果我是动物，我会是头狮子，因为我极其成功。”另一个学生说：“如果我是一种水果，我会是个橘子，因为当你剥开我，会发现我学到的东西很多，一瓣一瓣地排在里面。”一旦学生掌握得很熟练了，就要求他们进行拓展，用词语直接表达出他们对某节课上学到的东西的感受。

学习，
必须
定期评估！

第2章

学会与他人相处

学习是种社会活动。诚然，并不是所有人都能够和别人和睦相处，不过，没有高度的合作和互动，我们就无法更好地学习。与他人合作可以带来很多乐趣，可以调动学生们的积极性，积极性反过来又会促进学生的自我发展。

破冰行动：说出你的名字

为什么

当你刚刚认识一群人，或者准备和一群陌生人共事，或者是准备做一项需要合作的工作，那么，大家尽快相互了解非常重要。如果学生们因为不知道会和谁一起学习而感到焦虑、担心，那么学习效率很难提高。所以，组织“了解彼此”的活动很重要。通常情况下，哪怕只知道彼此的名字，也能很大程度上帮助学生们放松下来。在有趣的活动中建立起来的集体荣誉感也会提高学生的学习积极性和学习精力。因此，每个人的名字很重要，学生们互相尊重有助于让学习更有趣。尽可能多研究些类似“说出你的名字”的游戏，提供多样化选择。

不管破冰活动多有趣，有些学生就是不愿意参加。教师要多关注他们，支持他们。如果你自己也参加活动，对那些不愿意参加的学生们来说，就会是种鼓舞。但是最好不要给害羞或孤僻的学生施加太大的压力。如果这些学生是为了完成特定的任务才走到一起，那么除了破冰活动，还得组织些团建活动。

如何做

以下是一些了解彼此的名字的趣味活动。

扔球游戏

所有参与者站成一圈，每个人大声说出自己的名字。队长说出一个人的名字，然后把一个硅胶毛毛球（或其他柔软的东西）扔给他。接住硅胶毛毛球的人再把球扔给另一个人，并说出他的名字。依此类推，直到每个人都扔过一次球，任何人都不得多次投球或接球。要记住你把球扔给了谁，谁把球扔给了你，第二次还是把球扔给刚才的人。过一会儿，队长再扔进去一个硅胶毛毛球，扔球接球的方式同上，看同时最多可以扔多少颗球。鼓励学生们轻轻地扔球，要扔得低一些，因为如果用力过猛，球会被扔出去，游戏就被打断了。

形容自己的名字

让学生们用一个形容词来介绍自己的名字，这个形容词的首字母必须和名字的首字母相同。例如，小小的莎莉（Small Sally）、快乐的哈比卜（Happy Habib）。为了增加趣味性，在说形容词的时候再做一个动作。如果想增加难度的话，让一些学生自愿报名，在最后通过回忆，说出所有的名字和形容词。

说出你的名字

学生们坐成一圈，依次用不同的方式说出自己的名字。例如，或快或慢；或又高又尖，或低声咆哮；或者唱出来；或大声或安静；或用不同的口音，或者一开始像说悄悄话一样，然后声音越来越高，最后大声叫出来。如果不方便围成一圈，就给学生们编号，让他们按顺序说出自己的名字。

热身游戏

为什么

在不过分干涉别人隐私的前提下，加深对其他学习者的了解，有助于在团队内建立信任感和归属感。我们特别容易忽视社交互动对学习的重要性，做有趣的游戏有助于日后的学习，所以值得在上面花时间。组织一些活动，鼓励学生四处走动，也是打破僵局的好办法，因为学生们通常会站在不认识的人旁边。组织让学生交换位置的活动花的时间更长，不过，学生们了解到的信息更多，自然更有利于破冰。例如，说一个观点，如果学生同意这个观点，就和其他学生交换位置，最终团队成员们就熟络起来了。“阳光照耀”（见本书第91页）、“水果沙拉”（见本书第92页）等游戏的效果也是一样的。

如何做

找出共同点

把学生们两两分组，用一分钟时间找出两个人拥有的五个共同点。然后把两对学生放在一起，再用一分钟时间找出四个人拥有的三个共同点。

找出不同点

每五个学生分成一组，给一定的时间，让各个小组的学生们找出其中三个人有，而另两个人没有的特点，找出的东西越多越好。例如，可能三个学生的眼睛是棕色的，另外两个是黑色的；可能三个学生有哥哥或弟弟，另外两个是独生子或只有姐姐或妹妹。

三个真相和一个谎言

每个学生找一张纸，在上面写四条关于自己的说明，其中三条是正确的，一条是错误的。例如，“我喜欢足球”“我跳舞跳得很好”等。所有学生把自己的四条说明混在一起。老师发出停止的信号后，座位相邻的两个学生互换纸条，试着猜猜哪个是谎言。

给学生分组

为什么

以小组或团队的形式学习很有趣，不过有必要花时间考虑一下该如何分组。对于某些活动来说，自行分组没有问题，但这很可能会导致学生们自行按照性别、种族和能力分组。此外，好朋友们自行组队，也有可能完不成任务。学生们可以从团队合作中学到与他人相处的重要技能，但往往一些学生不愿意和不认识的人一起学习。

教师可以提前规划如何分组，确保各个团队由不同能力、性别和种族的学生组成。利用教师在课堂上对学生的了解，避免将个性冲突的学生分到一组。如果你想把好朋友们分到不同的小组，那么所有是好朋友的学生们就都不能在同一个团队，这样分组才公平、公正。如果你喜欢将学生们随机分组，那可以通过玩游戏来分组。像“阳光照耀”（见本书第91页）、“水果沙拉”（见本书第92页）这样的游戏就可以把学生们打乱。然后，你可以绕着圈数数，每五个学生为一组（或根据需要自行调整每组的学生数量），或者数数1、2、3、4、5……，1、2、3、4、5……被数到相同号码的学生站在一起。

如何做

排排站

这个游戏和学生站成一圈的游戏不同，不需要那样大的空间，但是，最好有足够的空间让所有学生站成一条直线。不过，学生们沿着教室的四面墙排排站也可以。指定一个起始位置（代表最小的数字或字母“A”）和结束位置（代表最大的数字或字母“Z”），让学生们必须按照一定的顺序排队，可以按照生日、门牌号、姓名中的字母数、邮政编码或姓名的字母顺序排序，也可以根据学生们拿的东西排序。比如，给每个学生一张卡片，上面写上数字或者历史事件发生的日期。给他们几分钟的时间，等队排好了，让每个学生喊出自己的生日、门牌号等，看看他们完成任务的情况。

如果你想增加难度，那就规定学生们在排队的时候不许说话，也不许交头接耳。他们需要想其他办法来排队，例如，在空中写字，用手指比划，用手指房间里的一个数字，在纸上写字，等等。

为了开展另外一项活动，把学生进一步分为小组，可以让学生们站成一排（学生们的顺序被打乱了，但站在一起的学生们有共同之处，例如生日相近，门牌号相似等），然后你来数数，每五个（或根据需要自行调整每组的学生数量）一组。或者数数——1、2、3、4、5……，1、2、3、4、5……被数到相同号码的学生站在一起。

按物品分组

拿些相关的东西，例如，四个农场动物玩具，四个球，等等。把它们放在一个袋子里，让每个学生闭着眼睛拿一个，拿到同类东西的学生分为一组。

开展团建活动

为什么

在人的一生中，能够进行团队合作是非常重要的技能。我们不能奢望把学生们随机分成几组，他们很快就能愉快相处，并各司其职。在接受重大挑战之前，他们需要开展一些团建活动，为了共同的目标而奋斗。许多游戏，尤其是那些没有绝对胜利者的游戏，比如“传动圆环”（见本书第65页）和“传动罐子”（见本书第66页）等都有利于团队建设。不要让整个班级一起玩这个游戏，那样会显得异常混乱，要尽可能把学生们分成几个小组。

开展团队智力对抗赛也有助于让团队产生共同的目标。为了确保团队成员在答题时相互合作，可以问一些需要猜测或估计的问题，比如“尼罗河有多长？”或“最长的英语单词是什么？”

鼓励团队起个队名，从而使团队拥有独特的身份，起的名字最好与正在开展的活动相关。还可以自行设计徽章或标志，甚至可以创作一首队歌。

如何做

一起鼓掌

在一个人的带领下，整个团队必须试着同时鼓掌。不允许说话，也不允许数数。每个人必须注意领头人的动作，而团队中的各个成员应该轮流带头。

轮流说出自己的名字

团队所有成员坐成一圈，每个人轮流说出自己的名字，速度越快越好。说名字的时候必须按照顺序来，在后面的人开口之前，前面那个人必须已经说出了自己的全名。团队可以给自己计时，然后试着不断缩短时间。

鼓掌陷阱

这个活动和上面的游戏是一样的，不过不是说名字，而是拍手。要想增加难度的话，可以试着闭上眼睛。

我是独立的个体

这个活动旨在提醒团队成员，即使他们有共同的目标，每个人仍然是独立的个体。每个学生拿出一张A4纸，闭上眼睛，按照下面的指令做动作，不能问问题：把纸对折，撕下左下角，再对折，撕下右上角，再对折，再撕下左下角。学生们睁开眼睛，和其他队员比较一下折出来的纸有何不同。

抓住绳子站起来

找一条大绳子，围成一个大圈。团队所有队员坐在地板上，并坐在绳子旁边。游戏的挑战在于，所有人要抓住绳子，一边举绳子，一边站起来，所有人的手都不能挨地。

整个团队跨过去

所有人并排站在一条横线、一根绳子或一条带子后面。所有人必须同时跨过横线、绳子或带子，并且要求所有人的脚必须同时落地。这听起来很容易，但需要全体成员倾力配合，步调一致，才能准确无误地完成。

共同迎接团队挑战

为什么

把学生们分组，并通过游戏建立起团队认同感后，团队就需要迎接更大的挑战：可能是更具挑战性的游戏、体育比赛或与某门课程相关的活动，如制作报纸、资料册或者演示文稿。在课程表中安排出一定时间，让学生迎接与主题相关的系列挑战。例如，他们可以想象自己是一场海难后唯一的幸存者，必须克服各种困难，如跨越重重危险运输人员或设备，或用最少的材料建造避难所等。

在鼓励学生们为共同的目标努力的同时，团建活动和游戏应该让学生们意识到每个团队成员都具有独特的优势。当教师布置的复杂任务开始时，要给学生们一定的时间，让他们分析迎接挑战需要准备些什么，同时，要让他们分配好任务，以便团队中所有成员都能发挥自己的优势。如果活动要持续一段时间，比如制作一份报纸要持续好几节课，那么每节课开始前都要让学生做计划、分配任务，每节课结束时都要总结。在迎接这样的挑战时，学生们应该为每项任务设定成功的标准，最后必须评估一下是否达到了这些标准。

在迎接这些挑战时，要鼓励学生尝试不同的方法，而这些方法可能反映出团队成员不同的学习风格。要确保他们能从错误中吸取教训，提醒他们不要忘了这句谚语："如果你总重复做过去做过的事情，你就只能取得过去取得过的成绩。"

如何做

传动圆环

参与游戏的人站成一圈，且必须以某种方式连接起来。如果不愿意牵手，可以握住手腕或拉住袖子。让其中两个学生放开手，套进去一个圆环，然后再把手拉起来。这个游戏的目标是：把圆环传一圈，在传圆环的过程中，任何人都不能放开两旁的人。学生必须艰难地从圆环中跨过去，然后用肩膀把圆环传给下一个人。当一个圆环开始传动后，再放一个圆环，沿相反的方向传动。最终，其中一个学生身上会套两个圆环，鼓励其他学生大声提建议，帮这个学生把两个圆环都传出去。你也可以尝试使用不同大小的圆环，小的圆环对个子小的人有利。所以，如果成年人和儿童一起参加这个游戏，儿童具有一定的优势。

传动罐子

找一些干净的、餐饮用的开口罐子（确保罐子的边缘不粗糙、不锋利）或小塑料桶，参加游戏的队员们坐在椅子上围成一圈。这个游戏的目标是：把罐子传一圈。在传动罐子的过程中，所有人只能用腿和脚，不能用肘和手，罐子也不能落地。当第一个罐子开始传动后，再放一个罐子，沿相反的方向传动。

水管传球

给每个团队两根或更多根塑胶水管（所有团队水管的长度必须一样）和一个网球。队员们用水管运球，不能以任何方式遮住水管的两端，看谁运得远。如果球碰地，则必须回到起点，重新开始。

移动板条箱

整个团队用三个板条箱和两个支架，在不接触地面的情况下尽量向前移动。用记号笔划出一条线作为起点，再沿“路线”标出距离。

团队成员互相评价

为什么

团队合作并不总是那么容易，也总有些人没办法和别人融洽相处。同样，团队合作并不是说事事都要看法一致，往往只有建设性地处理分歧才能学到东西。因此，为了让团队合作有乐趣，评价团队的合作情况很有必要。评价的方式一定是鼓励性的，让大家在得到提高的同时，还不会觉得别人是在故意推销。其中一种方法是交换“赞赏”，团队中的每一个成员都必须给予别人赞赏，同时也要接受别人的赞赏。例如，可以写类似于“在我们面对困难时，你总能保持冷静，我真的很欣赏这一点”之类的话。可以把每个人的名字写在信封上，把信封贴在墙上，每个人都在明信片上写下对其他队员的评价，放到对应队员的信封里，但是评价应该是匿名的。你可以检查一下信封，确保每个人都得到了积极的评价。最后老师可以帮忙把这些写满赞赏的信封分发下去，不过要尽量在一天结束的时候再分发。

小贴士

评价团队合作的活动很多，可以联系一下当地的户外活动中心或顾问——他们可以提供很好的评估技巧。也可以试试登录www.reviewing.com，参阅上面的评论和想法。

如何做：信念卡

做20～30张卡片，上面写一些形容感受和信念的词，如“兴奋”“快乐”“沮丧”“喜怒无常”“有同情心的”“心胸狭窄的”“有归属感的”“冷漠的”，等等。把卡片放在地板上或贴在墙上，然后向学生们提问。下面列举了一些问题作为范例，可以根据你对团队成员做出的反应的预测自行增减。有时候，一个团队成立后不久，需要一定的时间才能适应讨论类似的话题。不过，等做完这个信念卡片活动，其本身就为共同学习带来了快乐。

首先，每个学生独自过一遍下面的问题，然后以团队的形式进行讨论。

1. 选择一张卡片，如果你觉得这种情绪……：

- 你需要减少。
- 这个团体需要更多或更少。
- 可以描述这个小组是如何处理问题的。
- 可以描述团队成员对彼此的态度。
- 你想多谈谈。
- 对你来说最重要。
- 对所有人来说最重要。

2. 现在，哪个词可以……

- 给你带来最大的快乐。
- 给你带来最大的麻烦。
- 代表你与他人交往的方式。
- 指引你的生活。
- 描述你对世界的态度。
- 描述你对社区的态度。

MAKING LEARNING FUN

第3章

记忆和思考的乐趣

可以采取很多积极的办法鼓励学生们记忆、强化学科学习或主题学习。在本章中，首先我们谈论了关于记忆的一些观点，然后我们提供了一些巩固学习的复习技巧和一些思考技巧，并提出了如何在概念间建立联系的建议，最后，谈到了如何能让学到的东西更“牢固”。

记忆和记忆法

为什么

如果能教会学生最大限度地提高记忆能力，那么，学生在完成学习任务，尤其是复习的时候就会更加积极。记忆是处理、储存和提取信息的核心，对我们的学习极为重要。在检索和处理储存的内容时，内容会发生变化，所以我们的记忆并不像文件柜那么简单。当学生们说“我不知道该怎么复习”时，通常是指他们不知道怎么复习才能记住所学的知识。一些简单的记忆技巧相对来说很容易学，而且能让学生们立即拥有一种成就感，这将对他们产生影响，有助于他们在未来取得成功。

对于不需要的东西，大脑通常会选择忽视。显然，除非专门记忆，并不断练习，否则一天学到的东西中，有70%在24小时内就会忘光了。为了提高记忆力，你需要在事物之间建立起联系。

记忆有三种：

1. 瞬时记忆——只把信息保存几秒钟的时间，或者将信息传递给短时记忆。

2. 短时记忆或工作记忆——同时可以记忆七件事情。如果没有立即复述，或者没有在大脑中呈现，那么这些信息在30秒内就会被遗忘。短时记忆可以筛选信息，决定把信息摒弃掉，还是让信息进入长时记忆。

3. 长时记忆——储存了数百万条数据。长时记忆有好几种，包括视觉记忆、听觉记忆和运动记忆。

如何做：记忆法

记忆法是一种简单的帮助记忆的方法，这种方法通常按照某个特定顺序记忆首字母来记住一个句子。如果这句话很荒谬，很可笑，大脑记住这句话的可能性更大。记忆法可用于入门学习或复习，可帮助学生重温课业，巩固知识。

● 请给我一大杯咖啡好吗？这个句子中每个单词的字母数恰好是圆周率的前七位。（这句话的英文是：May I have a large container of coffee? 每个单词的字母数恰好是31415926，是圆周率的前七位。——译者注）

● 孩子们喜欢奶酪胜过油炸菠菜。这句子每个单词的首字母与界、门、纲、目、科、属、种（这句话的英文是：Kids prefer cheese over fried green spinach.每个单词的首字母按顺序是KPCOFGS，和界、门、纲、目、科、属、种的英文Kingdom，Phylum，Class，Order，Family，Genus，Species的首字母相对应。——译者注）相同。

● 大象总能理解小象。这句话的首字母拼起来是“因为”这个词。（这句话的英文是：Big elephants can always understand small elephants.首字母按顺序排列组成BECAUSE，是“因为”的英文单词。——译者注）

● 节奏让你的两个臀部动起来。这句话的首字母可以拼成“节奏”这个词。（这句话的英文是：Rhythm helps your two hips move. 首字母按顺序排列组成RHYTHM ，是“节奏”的英文单词。——译者注）

● 奶牛常常小心翼翼地坐下来。也许它们的关节嘎吱作响？早期持续抹油可免受风湿病的痛苦。这几句话每个词首字母的顺序正好是地质年代英文单词首字母的顺序：寒武纪、奥陶纪、志留纪、泥盆纪、石炭纪、二叠纪、三叠纪、侏罗纪、白垩纪、古新世、始新世、渐新世、中新世、上新世、更新世、近代。（这几句话的英文分别是：Cows often sit down carefully. Perhaps their joints creak? Persistent early oiling might prevent painful rheumatism. 首字母分别对应地质年代英文单词Cambrian，Ordovician，Silurian，Devonian，Carboniferous，Permian，Triassic，Jurassic，Cretaceous，Palaeocene，Eocene，Oligocene，Miocene，Pliocene，Pleistocene，Recent的首字母。——译者注）

● 我那受过良好教育的母亲刚刚为我们端上了九个比萨饼。这句话每个词的首字母分别是各大行星英文单词的首字母。（这句话的英文是：My very educated mother just served us nine pizzas. 这句话单词的首字母是九大行星英文单词水星Mercury、金星Venus、地球Earth、火星Mars、木星Jupiter、土星Saturn、天王星Uranus、海王星Neptune、冥王星Pluto的首字母[①]。——译者注）

不过，学生们亲自用对他们有意义的联想编出来的记忆法或许才最管用。给学生们布置一项任务，想出记忆法记住刚刚学过的东西，结果显示这样复习效果更好。

① 2006年8月，在第26届国际天文联合会上通过决议，将冥王星划为矮行星，自行星之列除名。

记忆的乐趣

为什么

我们很容易忘记：

- 尚且不理解的事情
- 信息没有被“消化”
- 分心
- 感觉不舒服
- 感到很困惑
- 不想记住
- 没有复述和练习
- 觉得不够重要
- 对记忆东西感到焦虑

有些事情很容易被记住，例如，我们每天做的事情，我们熟知的地方或歌曲，最近发生的事情，一些特别的日子，比如节日、生日，或者我们特别高兴或特别悲伤的那段日子。

一般来说，短时记忆一次只能记住七样东西，但使用一些技巧可以提高记忆能力。有很多有趣的方法可以帮助记忆，而且用技巧记东西记得更牢。联想或者关联就是一种记忆方法，为了记得更容易，我们需要把事物关联起来。分类——在事物之间建立起联系，也有助于记忆。我们先记住类别，然后再一一回忆出各个类别中分别有哪些物品。

在记忆之前最好先做个记忆测试，然后试试那些把需要学习的东西进行关联、分类的学习理论。如果学生们有机会以一种有趣的方式尝试这些理论，那么这些理论他们会记得更牢，用得也更顺手。

如何做

下面是一些记忆概念。

托盘游戏（金姆的游戏）

1. 找15～20件日常用品。这些东西所属的类别尽量不要太明显。

2. 把东西放在托盘上，用布盖上。确保小组里的所有学生都能看到这些东西。

3. 把布掀开。给学生一分钟的时间观察这些东西。然后再把布盖上。

4. 找几个学生，让他们试着说说里面装着什么，说出的东西越多越好。

5. 让所有学生写下或画出记得的东西，越多越好。

关联

把三件东西放在一组学生面前，让他们想办法把这三件东西关联起来。例如，颜色相同，或者以相同的字母开头，或者都是人造的，或者都有直边等。不要放那些关联很明显的东西，学生们需要费点劲才能找到相互之间的联系。有些学生可能会把这些东西和自己的生活联系起来，也可能编一个故事。

分类

让学生看着托盘，指出这些物品是否属于不同的类别，可以以颜色、首字母或形状分类。这些东西可能是文具，可能是衣服，也可能与食物有关。要提醒学生，短时记忆一次能记住的东西很难超过七件，所以，按类别记忆更容易。

最后，找不同的物品再玩一次托盘游戏，让学生们尝试一下学到的新技能。

形象化：一图胜千言

为什么

· 记忆力之所以如此强大，背后的原因在于想象力和联想。用大脑之眼创建出的画面对提取信息能力的提高具有深远的影响。在头脑中创建图像的过程就是形象化的过程，但想象不仅仅是在脑海中看到画面，还应该能够想象出声音、质地、味道。运用想象力的乐趣在于万事皆有可能，你可以夸张，也可以幽默，而二者均可以让记忆中的东西更难忘。研究表明，想象一些积极愉快的画面更有效，因为大脑可能不愿意想起消极的画面。

你的想象力越好，记忆力就越强。在学习中，想象的用处很多，开始学习时，想象可以激发学习动力，让学习内容牢牢记在脑海里，想象还可以作为提取信息的工具。

如何做

为了激发学生的想象力，可以让学生自己在房间里找一块地方，舒舒服服地坐在自己的小空间里。告诉他们，你马上会让他们闭上眼睛。试着放些巴洛克风格的音乐作为背景乐。

现在，让学生闭着眼睛，在脑海中想象下面这些场景，鼓励他们动用所有的感觉器官来形成画面，想象的画面要尽可能真实。

1. 独自坐在卧室里。

2. 书包放在桌子上。

3. 刚切开的柠檬的味道。

4. 把手泡入冰冷的水中。

5. 被羽毛枕头打中了。

6. 把手伸到花园的泥土里。

7. 柠檬水的味道。

8. 一间空教室。

9. 巧克力冰淇淋的味道。

10. 隆冬时节，从温暖的房子里走到街上。

一开始，有些画面想象起来很难，要给学生一定的时间来融入场景中。你可以问些问题作为提示，例如，你能看到什么？你感觉怎么样？你的身体感觉如何？

在他们想象的时候，注意他们的反应。例如，在重现柠檬的味道时，很多人会做鬼脸（即便没有尝到真正的柠檬也会如此），有些人声称，他们真的“尝到了”柠檬水——这就是想象的魔力。注意收集学生对这个活动的反响，他们觉得想象是容易还是困难？他们认为自己的想象力有多丰富？想象力如何在学习或复习中发挥作用？

可视化：关联

为什么

把需要记住的东西和大脑已经记得很牢的知识联系起来，这就是关联。所以，如果能把新学到的东西和以前学到的东西联系起来，那么信息提取得就更快。用熟悉的东西编故事，在新旧知识间建立联系，可以为顺序和规则增加新的理解维度。你可能以为把所有画面都保存在记忆里，记忆可能承受不了。事实上，研究表明，如果你编撰的故事长度合适，有助于把学到的知识牢牢印刻在长期记忆中。同样，想象是件很个性化的事情，对不同的人来说意义迥异，需要不断尝试、练习，练习得越多，运用想象力来关联的能力就越强。

如何做：用“家”来记忆

还有一种形象化技巧可以帮助学生们复习考试，让学生们从正在复习的主题中，列出十几个关键词或概念（或者直接给他们一个列表）。同样，让学生们安静地坐着，闭上眼睛。你念脚本（写下的列表），让他们在脑海中形成一幅画面。

想象自己站在门外，想象得越生动越好，注意油漆的颜色，门铃的位置等。把第一个需要复习的概念放在门前，这样做有一个问题：概念那么小，放在地上，你可能看不到。所以，为了解决这个问题，要把这个概念想象得超级大，你必须从上面爬过去才能到达前门。

现在进入房间，让学生们想象自己在房子里走动，把概念一个个地放在房间里或贴在家具上。放完列表上的概念之后，要求学生们根据记忆，再现走过的路线，把那些概念都写下来。

要打消学生们的疑虑，让他们明白，技巧运用得越多，做得可能就越好。学生们可以试着在一天、一周和一个月结束的时候分别测一测，这个技巧对复习有什么帮助？我们又可以想象哪些东西？

活力复习：身体对抗游戏

为什么

身体对抗游戏很有趣，在学习中有很多用途：

- 可作为破冰活动和热身活动。
- 可用于团建活动。
- 可作为课间休息活动。
- 让学生（和老师）在长时间伏案工作后有机会活动身体。
- 可用于奖励那些努力学习、积极参与的学生。

不过，这些游戏也可用于复习和思考：

- 可以通过积极运动来强化学习。

- 可以让学生有时间在不知不觉中消化学到的东西。
- 可以让学生主动使用语言。
- 可以通过快速决策来测试提取信息的能力。

如果你打算组织一些游戏，显然你需要考虑游戏的可操作性。虽然很多游戏可以在教室里玩，但有一些游戏的确需要很大的空间。例如，玩圆圈游戏就要有足够的空间，让所有学生把椅子摆成一圈，还有健康和安全方面的考虑。玩需要换位置的游戏，如果地面防滑或者有地毯将会更安全。在游戏开始之前，一定要和学生们确定一些基本规则，如果可能的话，用明确的措辞，例如，“只能走！”而且在应用规则时要一视同仁，最好是让学生们互相监督。

如何做：圆圈游戏

阳光照耀

参与游戏的人坐在椅子上，围成一圈，一个人站在中间。除了站着的人，其他人都必须有一把椅子。中间的人喊道：“阳光照耀在……”例如，“阳光照耀在所有穿黑色鞋子的人身上。”“所有眼睛是棕色的人身上。”“所有养宠物的人身上。”所有符合条件的人必须站起来，交换座位。中间站的那个人必须抢到一把椅子坐下，剩下没椅子的那个人站在中间，继续喊：“阳光照耀在……”，以此类推。

学习应用：在这个游戏中，学生可以“安全”地表达自己的观点。玩游戏时，专门给一些学生准备些特殊的命题，例如，“阳光照耀在所有认为自己学习态度很端正的人身上”“……所有认为亨利五世是个好国王的人身上”“……所有昨晚做作业有困难的人身上。”

水果沙拉

参与游戏的人坐在椅子上，围成一圈。一个人站在中间，绕着走一圈，将每个人指定为一种水果（总共有四种水果），例如苹果、橘子、葡萄和李子（把站在中间的人也指定为一种水果）。

站在中间的人随意喊几种水果，比如“苹果”“葡萄”和“李子”。被叫到的“水果”必须站起来，交换位置，站在中间的人也必须想法抢个座位。也可以喊“水果沙拉”，这就意味着所有人都要动起来。剩下没椅子的那个人站在中间，继续发出指令。

学习应用：也可以将学生们指定为一些人物或物品，这些人物或物品可以有某种关系。例如，可以把学生们指定为《罗密欧与朱丽叶》中的不同人物，人物之间的关系越远越好。然后，发指令的人可以喊“凯普莱特”“蒙太古”“都不起来”，或者可以做得更巧妙，喊“罗密欧的朋友”“凯普莱特的仆人”等。

如何做：真真假假分开跑

让学生们判断真假，是种非常积极的复习方法，可以检查以前学的内容他们记住了多少，也可以看出他们对即将要讲的内容了解多少。只需要确定一个主题，列出一些回答真/假的判断题就可以了。用分开跑的形式来回答这些问题，很有趣也很有效，但必须要有足够的空间让学生安全地跑来跑去。

用这种方法来判断真假可能需要重新布置教室，以便孩子们可以四处走动，不会撞到对方。做两张分别写着“正确”和“错误”的海报，一面墙贴一张。孩子们站在中间，每念一个命题，就大喊一声：“跑！”孩子们根据自己的判断，跑向贴着“正确”或“错误”海报的墙。要有时间限制，可以倒计时，也可以播放音乐，等倒计时结束或音乐停止时，他们就不能再移动位置了。

玩“真真假假分开跑”这个游戏，还有一种更安静的玩法。给每个人一张卡片，一面写上真，另一边写上假（学生们也可以在自己的白板上写出真或假），然后根据自己的判断，把认为对的那一面举起来。或者，可以把学生分成几个小组，每个小组共同决定命题的真假。为了激励学生们相互竞争，每答对一次，小组就可以得到相应的分数。

如何做：记忆地图

学生可用这个技巧共同解决问题，也可用于玩强化记忆的游戏。这个技巧不但有趣，而且可以强化某个科目的学习。将学生分组，在教室前面挂一幅地图，各个小组必须在课桌上的纸上把这幅地图画出来。所有小组都只有两分钟的时间决定策略，并且每次只允许派一个人到前面去看地图，每次只能看10秒钟。每个人看完后，返回到课桌处，把看到的地图画出来，画得越多越好。循环往复，每个人至少看两次地图后，就结束游戏。比较一下画出的地图和原来的地图有什么区别。使用地图有助于强化对地图的学习，例如熟悉地图上的符号和栅格等。当然，游戏材料也可以使用历史建筑的图片。

颜色
图片
单词
\+ 乐趣

= 难忘的思维导图!

找出那个……的人

为什么

有时也被称为“寻人游戏”，或者“人体宾戈游戏”，或者“找出那个……的人”。给学生布置任务，让每个组员找出本组里面有特定知识、技能或专长的成员。这个活动鼓励学生们互相提问，将其他人视为信息来源。这个活动很有用，可用于破冰、小组合作和复习。

如果这个活动旨在鼓励学生们互相交流，就应该鼓励学生们尽可能多找不同的同学提问，可以规定每个名字只能写一次。如果有老师和成年人参加，学生们会觉得这个活动更有趣。不过，如果你想知道学生们知识掌握得怎么样，就不能把成年人加进来。可以规定时间，看看谁收集的名字最多，也可以等有一位同学给每个问题都找到对应的人后，就叫停。最好有个信号，比如完成的同学可以按铃。

如何做：找出会复习的人

列一个命题清单——对于一个30人的班级来说，12～15个命题就可以了。

每个学生要有单独的问卷，在每个问题旁边留出空间，以便于找到能够回答问题的人后，可以在空白处写下他们的名字。学生们自由走动，互相提问，每道题都要找到一个能回答这个问题的人，写下他们的名字。在游戏结束后，至少检查一份完整的问卷，请被写下名字的学生回答相对应的问题。如果有些问题找不到能够回答的人，那么就组织讨论一下这些问题。

例如，如果主题是太阳系，那么问题可能包括：

找出知道下面这些问题的答案的人：

……哪颗行星离太阳最近？

……哪颗行星被称作红色行星？

……你能说出木星的一个卫星吗?

……哪颗行星最小?

……哪颗行星有光环?

孩子们不能写出问题的答案，要写下能回答某个问题的同学的名字。如果使用更私密、更幽默的问题的话，这个活动就可以作为破冰活动（例如，画幅漫画，卷舌头等。）

使用不同的复习方法

为什么

不断复习、反馈至关重要，有助于学生自己真正理解学到的东西。复习不需要花很长时间，事实上，如果每次少花一点时间，但是经常安排复习，也是很好的策略。复习如果有趣、有活力，会有助于学生学习。“你们学到了什么？”这样的问题太开放了，会把大多数学习者难倒。因此，使用不同的复习方法有助于组织想法，让思想成体系，而新奇的东西则能吸引直觉，而这正是思维的重要维度。在这部分的一开头，我们讨论了很多活跃的复习活动。下一部分的活动恰恰相反，非常有趣但几乎不需要移动。作为一名教师，你可以想出多少种不同的复习方法呢？你经常和同事们分享这些方法吗？

如何做

禁用词

找一个学生，给他/她一张卡片，卡片上写上将要讨论的话题，再写上五个不许使用的相关词语。比如，在讨论公民与犯罪时，题目可能是“审判”，禁用词可以是“法官”“法院”“判刑”“陪审团”“被告”。这个学生就这个题目进行描述，小组里的其他人必须猜出话题是什么。谁猜对了，就轮到谁描述话题。

全面复习

把学生们分为两人一组或三人一组。找张A4纸，按顺序把a～z这26个字母写下来，每个字母旁边都要对应写一个从课堂上学到的以这个字母开头的单词。x、y和z这三个字母对应的词语可以是想象出来的。为了激励学生，只给他们两三分钟时间。

找词练习

将学生们分成几个小组，从已经学过的话题或主题中找一些词，每三个一组写下来。各个小组必须用掌握的知识判断把哪个词剔除出去，班里所有同学都要汇报他们为什么做出这样的选择。有些题可能只有一个正确答案，有些题可能故意出得模棱两可。

三色卡片

学生们各拿一套红色、橙色、绿色的“棒棒糖”型卡片，全班同学从头到尾按顺序回忆学过的内容，然后进行讨论。每当提出一个关键概念或想法时，学生们就根据自己的理解水平举起某个彩色棒棒糖。例如，如果不理解就举红色，如果理解就用绿色，如果不确定，想让老师再解释就举橙色。

用表演来复习

为什么

并不是所有人都喜欢戏剧、歌曲或舞蹈，但很多人喜欢。如果团队成员能够相互帮助的话，那么所有人都能参与表演。这个理论旨在用一小段表演来重现学习内容，表演形式可以是戏剧、哑剧、诗歌、说唱或者歌曲。要在活动之前提前提醒学生，这种复习极具挑战性；要留出一些时间，让学生准备选好的节目；要营造出互相帮助的氛围，共庆成就，共享乐趣。各个团队须轮流表演，每个团队可以自己起队名，把名字放在帽子里，抽签来确定表演顺序。

创作表演作品的乐趣不仅在于其有助于信息的消化和吸收，而且在表演的过程中，学生必须深入理解了所学的东西才能用其他形式进行再创作。

如何做

将各个团队细分成几个小组（见本书第57页），要求每个小组想一个队名，并进行小组合作，在一定时间内使用学习内容再现一个众所周知的广告。要鼓励团队内形成互帮互助、共享成就的氛围，让各个小组轮流表演。如果学生不确定该使用哪些广告和广告词，可以收集一些现有的广告文案作为样板。

用戏剧来学习

为什么

观看优秀的戏剧老师表演绝对是种荣幸。他们演技精湛，可以用活泼、有趣的方式把概念生动地展现出来。关于戏剧的书有很多，如果你想充分利用戏剧的话，就有必要做一些研究。最重要的是，你可以从戏剧表演中找到一些有趣的思维活动，并加以改编。戏剧表演往往会涉及大量团队合作、语言交流，而且学生还有机会站起来走动，所以戏剧应该能吸引很多学生。

戏剧是一种新颖的教育工具，可以覆盖不同课程的内容。此外，戏剧是动态的，可以让学生与外部世界进行互动，通过戏剧，学习者可以对他人产生同理心，并且能够亲身体会所学知识的意义。许多戏剧技巧很简单，大多数人很快就能掌握。例如，“坐针毡”（见本书第106页）这个游戏适用于很多学科，老师们大多应该用得很顺手，但和很多活动一样，游戏的使用要适可而止，如果用得太频繁，就会变得枯燥无味了。

小贴士

帕特里斯·鲍德温的著作《心中有戏剧：想象世界中的真实学习》很好地概述了这一理论。尤其要看看对“专家外衣”这一概念（由多萝西·希思科特提出）的概述——这个概念具有非常强大的潜能。

如何做：“坐针毡”游戏

在这个活动中，老师要扮演某个角色，假装具有那个人的性格，接受采访。学生们则假扮记者，采访教师，为报纸或纪录片收集信息。所以，你可以扮成历史上某著名战役的幸存者，或一个想在国会通过一项法案的政治家，或者是某领域的艺术家或科学家。采访开始前，可以把全班同学分成几组，给每个小组一定的时间，针对要采访的对象准备一些问题。各个小组要讨论决定：如何制作报纸头版，如何写新闻稿，拿什么内容做头条……所以，要想采访到一些有价值的内容，小组成员就要讨论哪些问题（开放的问题）比较好，哪些问题不好，并做一些备选模板。

给学生一定的时间（由教师自行判断）准备问题后，你要像扮演的角色一样，坐在“新闻发布会上”的板凳上。在本活动中，你要学着把自己想象为那个角色，这样你才可以为记者们提供信息。你可能需要表现出所扮演角色的一些个性，但不需要模仿他/她的口音，只需要对这个角色有过一定的研究，或者手头有一本简要的传记，或者已经掌握了一些信息，从而能够做出合理的假设。该角色扮演游戏的理论在于：要从你所扮演的角色角度来回答问题，并向小记者们提出与他们已有的迥异的观点。理想化的教学效果是，让他们在收集信息的同时潜移默化地影响他们的思维。每个小组可以轮流提问，在新闻发布会结束后，每个小组可以制作各自的报纸头版进行展示。

培养学生的创新能力

为什么

创造力这个词很常用，也常常被误解。创新的过程通常很艰难，很痛苦。不过，创新的过程也应该充满快乐和笑声。培养创新思维的其中一个要素是养成良好的习惯，而要培养良好的习惯，其中一个办法就是从玩一些可以锻炼语言技巧的游戏做起。

有很多方法可以培养创造力，例如，讨论什么样的想法算是有创意，研究这些人是怎么创新的，他们的想法是如何产生的。比如，有个著名的汽车广告，广告中很有创意的让汽车的各个部件相互碰撞，光拍摄这个广告就花了几个月的时间，无数次重拍、修改才成就了这个广告。维克罗（Velcro）尼龙搭扣的发明者多年来一直苦苦寻找一种可以快速扣上搭扣的扣件，最后在几乎快要放弃时，才在穿过一片田野时被腿上粘的毛刺所启发。

我们手头要使用各种工具：快速思考、直觉、预感和冒险。

如何做

“我是太阳”

学生们坐成一圈，或者站在教室前面来开展这个游戏。这个游戏需要一定的空间，方便大家来回走动。学生们从老师给定的词语中选择一个自己喜欢的词语，其中一个学生站起来说“我是太阳”，能够与这个命题关联的学生都站起来，说出二者有什么联系，例如“我是月亮”，另一个有关联的人可能说“我是一份报纸”。第一个人（太阳）从中选一个人站在前面（例如选月亮），“太阳”和其他没有被选中的学生都坐下来。站着的人再说一下命题，例如“我是月亮”，以此类推。这个游戏可以很好地激励学生快速建立联系，进行关联。你可以从某个主题中选一个关键字，以此开始，鼓励学生快速关联。

1001种用法

找六到八件日常用品，把学生们分组，让他们进行头脑风暴，想象这些东西分别可以用来做什么，想出来的用处越多越好。这个游戏旨在鼓励学生们尽可能多想出一些不寻常、创新的用途，是否荒谬并不重要。通常只有让想象力天马行空，才能产生有创意的想法。

另外一种玩法是：在桌子上放一个圆柱体，比如厨房用纸里面的纸卷芯。告诉学生这个圆柱体可能很快就会倒下去，让他们尽快想想这个圆柱体为什么会自己倒下来，想出的原因越多越好。

如果限定时间，让学生们有种紧迫感，这些活动的效果会更好。

创新课堂活动：解谜

为什么

关于学习，一个关键的能力就是能够提出正确的问题，但是这一点可不容易办到，所以我们需要使用一些有趣的方法来模拟这个过程。有许多教师使用谜题来吸引学生，不仅提高学生的提问技能，而且让学生齐心协力，共同思考某个主题。谜题围绕一个问题，给出一些可能有助于解决问题的线索。线索可以是物品，如手工制品或衣服，也可以是文字。谜题在人文学科中的用处尤其大，因为人文学科在讲述一个人身上发生的故事时，特别注重叙事线索。谜题要基于真实的事件和人物，但要本土化，以提高其影响力。

解谜很有趣，在解谜时，学习者要能够“操控”想法，不但可以口头谈论，还可以有一定的动作。学习者可以运用很多思维技能，如分类、推理、综合、推测等。谜题应该和大量找关联的活动一起使用。

小贴士

参阅《通过地理思考》（Thinking Through Geography）和《通过历史思考》（Thinking Through History），了解易于借鉴的授课理论。

如何做

从正在学习的历史话题中选取一群人或一个人的故事，提出一个有趣的问题。例如，在学习第一次世界大战时，提出“汤姆为什么参战？”汤姆是个虚构的人物，我们可以把所知道的当时年轻人上前线的所有因素都套用在他身上。把问题装在一个信封里，里面装上15～30张卡片，每张卡片上写一句话，提供一个信息，帮助学生回答问题。有些可能是个人详细信息（例如年龄、社会背景、就业情况），有些详细说明了时间、地点等背景因素（例如就业模式、当地征兵模式、家庭对战争的感受），有些是诱发因素（例如征兵政策、当地兵团、家庭关系），也要放一些无关紧要的事情，以混淆视听。学生分组筛选信息，回答问题。所以他们首先可以把信息分为“参军原因”和“其他信息”，然后按照重要性对信息进行排序。

有一点非常重要，那就是要组织一次课堂汇报，要让学生解释他们为什么这样排序，这样做的依据是什么。

制作思维导图

为什么

思维导图的种类繁多，可以帮助学习者将信息分类、提取、关联，并制订学习计划和规划，将我们的想法真正付诸行动。思维导图能让学习更有趣，因为学生们几乎“看到了”脑袋里的东西。掌握思维导图，学习规划也变得更容易。思维导图已经成为一种流行的思维工具，广为人知，而且制作思维导图的过程确实对很多学习者有益，但并不是所有人都能轻松使用。所以，值得花时间探索不同的思维工具，助力学生实现不同的目标。这些工具通常很新颖、有趣，不过，如果成为习惯，经常使用，学生们就能够找到真正适合自己的思维方式、适合学习某门课程的思维工具，他们因此将深受鼓舞。对于教师来说，一些工具也很适合做计划时使用。

小贴士

了解更多工具，请参阅《思维技能和视商：提高智力的思维工具》。

如何做：概念导图

概念导图是种常用的思维工具，可用于展示某个主题或概念的结构。概念导图旨在揭示总体概念下的所有关联概念，并展示各个概念间的关系。概念导图可用于探索某个主题的相关知识，也可用以展示学生已经熟知的内容。一开始最好先拿一个完整的概念导图，为学生展示制作过程。

学生以小组为单位，把与某个主题相关的元素分别写在便利贴上（便利贴可以贴在桌子上或墙上），把属于同一类的整理、分组，接下来将同类便利贴按照重要性排序。组员们对排序感到满意后，把便利贴整理一下，贴在一张活页纸上。在各个元素间画上线，表示不同元素之间的关系，关系可以在连线上写出来。之后各个小组汇报其成果，并进行讨论。

游戏的其他形式：另一种做法是老师提前在卡片上写好单词，或者各个小组写好单词，与其他组交换。一个主题的概念导图可能不止一种，可就此展开讨论。

构建概念模型

为什么

我们常常发现，一旦学生能够把概念用图画出来，或者是建立起模型，就说明他们已经掌握了这些概念。例如，在抽象的数学符号中，我们通过使用数轴和实物来理解位置和数值的重要性。一些学生在写作时觉得句子结构很费劲，但如果能够边说边造一个句子，那他们就很受鼓舞。对一些学生来说，除非他们亲耳听到，并能想象出这个过程，否则，他们很难把知识转化为符号。喜欢舞蹈或武术的人可以边构思动作，边谈论想法，在脑海里重复这个动作的时候，思路就清楚了。我们需要尽量多找些工具和道具，以便学习者能够自己理解。

我们相信，之所以出现上面的情况，其中一个原因在于大脑中的运动系统和进行比喻的系统是同一个系统，而比喻正是思考的基础。例如，用一个比喻来描述你的感受，如心情低落、情绪高涨、激动和沮丧，很可能你用的比喻和运动空间、运动水平或运动有关。我们需要给学习者一定的时间用身体把知识“玩”出来，而我们给的时间往往不够。

不管是按照字面意思构建模型，还是按照深层含义构建模型，均有助于巩固基础概念的学习。构建模型不一定要用材料，你可以让学生们站在合适的位置，标出他们扮演的角色，从而模仿消化道或水循环，这样做也很有趣。也可以让学生根据自己负责的内容准备默剧，然后按照正确的顺序把这些默剧组合在一起，就可以模拟水滴或食物颗粒的运动过程。

如何做：三维模型

玩游戏时，把学生分组，每组最多4～5人。准备一些回形针、厨房用纸的卷筒、报纸、胶水和胶带，给所有小组分发同样的东西，请学生们构建一个三维模型来表示正在学习的概念或主题。三维模型就象征着这个主题，他们对主题理解得越深入，制作出的模型就越有想象力。可以事先规定一个框架，协助设计。首先向学生解释他们将要迎接的挑战，给他们十分钟的时间来规划模型结构——在这十分钟，他们还不能动手操作。然后再给他们十分钟的时间构建模型。制作完成后，全班同学可以走一圈参观构建的模型，在参观时，负责制作的同学要进行讲解。要严格限制时间，这样可以锻炼团队各个成员的思维能力，同时，限制时间还可以增加挑战性，这样对学生更具有吸引力。

小组的创造力越强、想象力越丰富，说明他们对所构建的主题掌握得越扎实。

TOPIC FOR TODAY
Glue

涂鸦之乐

为什么

这个理论与本书第114页“思维导图”的原理类似，因为涂鸦也是一种表现知识的方式，即以视觉形式思考，然后再用语言表达出来。思维过程复杂而微妙，要记住，是我们自己喜欢把思想分类，并把思维技能分类。我们想出了很多思维技能，但并不能说明我们就能用这些技能思考。

一些科学家认为，我们只是宇宙创造过程的一部分，我们应该看到生命是统一的。不管我们是否同意上面的观点，我们都必须找到适合自己的、个性化的学习旅程。

为了加深对知识的理解，构建并绘制独特的导图、符号，“涂鸦”作为一种方法很有效也很有趣，因为当我们用图形来表示所学到的知识时，我们必须把这些知识转化为自己的语言。为了保证学生在涂鸦时不会漫无目的，学生们必须对作品进行讲解说明，并解释符号的意义。

如何做：符号的乐趣

这个游戏的原理与本书第118页的“三维模型”类似，只不过只用马克笔和海报纸就可以了。学生们必须想出一些符号或涂鸦来代表他们学到的知识，听上去容易但做起来并不简单，所幸一些学生的确非常喜欢设计各种符号，抽象的符号可以转化为强大的理论。

例如，一个螺旋状的涂鸦可以象征对某个概念的理解之旅，螺旋里面可以画上不同的符号，代表这个概念的不同组成部分。你必须多揣摩这些涂鸦、符号，便于形成自己的模式。为方便解释，最好把所有符号都展示在墙上，把这些模型展示一段时间后，回过头再看，看看是否仍然具有相同的含义。另外，学生们在学习过程中最好保留所有的涂鸦，成为他们学习之旅上的符号故事。

引入新课的乐趣

为什么

一些热身活动可以帮学生联想起以前学到的知识，不过这些活动关注的可能不只是内容，有些可以帮助学生找准自己学习者的定位，有些可以帮助他们明确目标。在课程开始前，热身活动可以让学生评估以前学习所取得的进步和成绩。一旦他们明确了本阶段的学习重点，他们就可以为自己设定目标，或者考虑自己想从中学到什么。学生们可以两两一组，简要重述以前课程所涵盖的内容，并共同决定本次课程的学习重点。

热身活动还可以鼓励学生练习将在课堂上使用的技巧，如排序、预测等。围绕课程主题设计一些问题，可以从不同角度预习、深入思考课程内容。

你可以把很多热身活动改为游戏或智力活动，有趣的热身活动可以帮助学生熟悉概念，并将要学的概念和已经掌握的知识联系起来。经常组织热身活动，使用复习技巧，并将热身和复习作为学习周期的环节，有助于学生牢牢记住知识，并享受应用所学知识的乐趣。

如何做

时间轴

找出与某课程相关的一些已经学过或将要学习的命题，给每个学生或每两个学生一个命题，让学生们按照命题的顺序排成一行。

提问题

给学生们五分钟的时间，让每个学生就某个话题想几个问题，或者学生们两两合作，想出的问题越多越好。把全班同学的问题收集起来，然后试着共同回答这些问题，或者想出怎样寻找问题的答案。

预测

告诉学生们这节课的主题，让他们预测这节课将包含哪些内容。

字母

给每个学生一个字母，让他们想出一个或几个和今天课程主题相关、并以这个字母开头的单词。

关键字

给每个学生发一张卡片，上面写着一个他们正在学习的主题的关键字，让他们找到与自己拿的关键字联系最密切的学生，然后，这两个学生再一起找到与他们的关键词联系最密切的另外两个学生。如果有足够的空间，让所有学生把卡片放在地板上，展示出所有关键词之间的联系。

海报比赛

给学生发一些与将要学习的话题相关的图片或漫画，要求学生找到联系最紧密的图片或漫画，相互匹配起来，并解释原因。例如，不同的地形特征可能与侵蚀这个话题有关。正确答案可能不止一个。

找词

为了让学生熟悉将要学习的又长又复杂的单词，要求他们在五分钟时间内从这个单词中找单词，找到的词越多越好。

拼写也可以很有趣

为什么

学习拼写有意思吗？对于一些学生来说，他们天生就觉得拼写很有趣，但也有很多人在学习拼写时感到很痛苦。练习并记住拼写有很多策略，这些方法因学生而异。记忆法就很有用，或者可以一边大声拼写，一边跳舞或一边做动作，或者在大大的海报上用很多颜色画出来。只要敢想象，可以找到很多学习拼写的方法。

对于一些学生来说，仅仅坚持一种方法，比如语音规则，用处可能不太大。而发挥想象力，找到办法来记住拼写规则，这就是乐趣所在。下面提出了一些方法，以供参考。

小贴士

可以组织一些活动，组织学生对拼写进行研究。要么让他们写下一些难记的单词，要么给他们列举些难记的单词，然后给他们说一些可以使用的策略：运动、死记硬背、颜色、声音、配对和分享，等等。哪种策略最适合他们？这些策略每次都管用吗？

如何做：记住拼写的举措

下面这些记忆方法都需要动起来，可以和家人一起在家做，也可以和很多人一起做，这样大家可以互相支持，更好地保证效果。

1. 一边大声拼写单词，一边散步或者做舞蹈动作。

2. 把单词的字母分别写在卡片上，打乱，然后按顺序放回去。

3. 在便利贴上写上单词，把便利贴贴在墙上，把所有拼写方式类似的单词放在一起。能找到多少种不同的分组办法？

4. 和其他队员一起，用身体或其他东西一一把单词的字母展示出来。

5. 一边用手在空中拼单词，一边大声把字母念出来。

6. 数一数每个单词有多少个字母。拼完单词后，有几个字母就举起几根手指。

7. 两人一组，轮流在对方的后背上拼写单词。你的搭档需要尽量猜出你写了什么单词。

趣味学数字

为什么

一些学习者对数字很不敏感，而有一些人则对数字很着迷。有时就当是闹着玩，我们可以对数字做些有趣的研究，了解数字所描述的各个事物之间的关系，并了解大单位的数字与真实世界之间的关系。

下面这些游戏很有趣，可以让我们把玩数字，进而培养估算的能力，并让我们直观感受到数字能为我们的学习做什么。

如何做

提出一些好玩的问题，这些问题必须经过计算，并且结合其他知识储备才能回答上来。例如：

“10亿秒之前这个国家发生了什么事情？”

“人的消化道有多长？”

“如果我走路去北京，要走多少步？”

“如果我从地球中间穿过去，到英国要走多少步？理论上我能做到吗？”

“如果我把10万枚硬币排成一条直线，能延伸到哪里？”

之后可以讨论一下，要完成这些挑战需要什么样的信息，或者应采用哪些思维策略。

有趣的考试

为什么

考试是检验学生学习成果的必要手段，我们都必须参加考试，而考试确实是件艰苦的事，但并不是说我们就不能试着指导学生，让他们考得更好。对于考试，有积极的信念很重要，在这本书中有很多技巧可以帮学生树立积极的信念。

学习可以是有意识的，也可以是无意识的。所以，在学生准备考试的时候，可以在教室里贴上海报、便利贴、思维导图等，学生以为自己没在学习，但其实他们在潜移默化地学习。孩子们都喜欢颜色，颜色便于记忆，是复习的好帮手。应该鼓励学生在身边放上大量视觉教材，使用荧光笔，或者尝试着画卡通、图片和思维导图等。还有一件事很关键，我们也可以做到，那就是教学生认识考试中常用的语言，让他们有机会理解这些术语。

如何做

找搭档

找一个学生可以走动的空间，准备一套卡片，上面写上考试时会用到的典型术语，例如，对比、解释、概述等。

再准备一套卡片，上面写上对应的定义。术语和定义的数量要相当，同时数量也要足够让每个学生都能拿到。

把所有卡片随机分发下去，让学生四处走动，将术语和定义匹配起来。多玩几次，学生很快就能熟悉各种各样的术语。

把考试小贴士分组

把四到五个学生分成一组，给每个小组一些“大富翁卡”或价值一百元的练功币，分成三张二十的，三张十块的，两张五块的。给每个小组一个信封，里面装着二十张卡片，每张卡片上面写一条考试建议，例如，“前一天晚上睡个好觉”或者“如果你没时间了，就把答案写简短些”。

每个小组需要挑选其中的八条建议，并决定每条建议值多少钱，然后向全班同学说明为什么要这样分配。还可以问问每个学生，对于他们来说，哪条建议最有价值，并让他们向其他学生解释原因。

自我放松

为什么

可以使用许多简单、便捷的放松技巧，避免学生们在面对压力时晕头转向，惊慌失措。这些技巧还可以帮助学生们做好准备，迎接艰难的挑战。

当学生在考试中突然大脑一片空白时，可以指导学生做一些放松练习，帮助他们把思绪拉回来，定下心来。

小贴士

《友善用脑》(Brain Friendly Revision) 一书的第217页就提到了一个想象练习。

如何做：自我放松运动

在快要考试时，或者是在考试期间，很多“想象练习”可以帮助学生缓解压力。有种方法很简单：闭上眼睛，想象自己身体的各部分依次漂浮、放松；想象各个部位都很轻盈，直到感觉整个身体好像浮起来为止。

然后倒过来，想象自己从脚趾到头部，轻轻地落下来，身体进入一个安全放松的环境，感觉很安全。

MAKING LEARNING FUN

第 4 章

利用学习环境

作为教师，应该迎接学习的挑战，解答学生们的疑惑，使教学乐趣无穷。在课堂上，可以讲笑话、提问题、出谜题。最后说到的谜题对于热身或开展活动非常有用，可以调节学生的情绪，提高课堂活跃度。

用幽默创造良好的学习氛围

为什么

有趣的东西更容易被大脑记住，这就是为什么班里的同学会忘记数字七的乘法口诀，却总记得你那次坐在椅子上，椅子塌了的情景。

幽默有助于营造轻松的气氛，化解不悦的氛围。笑话和双关语可以鼓励学生关注语言的魅力，记住词汇和术语。

“笑声俱乐部”起源于印度，现在已经遍布世界各地。然而，并不是所有人都具有同样的幽默感。但如果能够敏感些，小心使用笑话和有趣的故事，就可以促进不同文化间的理解。我们喜欢开怀大笑，没有人喜欢被嘲笑，这一点显而易见。

如何做：笑话

一个孩子第一天上学回到家，妈妈问："你今天学到了什么？"

孩子回答说："学得还不够。我明天还得再去。"

就像任何被反复讲述的故事一样，笑话讲得太多，也会令人觉得乏味。不过，要是一个老师有"笑话说得很烂（但不冒犯人）"的名声，对他也有好处。每天说一句双关语，即使学生们觉得笑话内容很无聊，也会认为你是一个有趣、平易近人的老师。你可以自己编笑话，也可以收集，互联网上的笑话资源就非常丰富。对一些人来说，开玩笑并不容易，不过手头多准备些笑话，可以作为借鉴。你能每天上课时先讲一个新笑话，并鼓励学生们也讲一个笑话吗？此外，各个年龄段的人都能欣赏幽默的诗歌（比如罗杰·麦高夫的诗），通过品鉴诗歌里蕴含的搞怪的幽默，可以鼓励学生们深入鉴赏语言的运用。

同时要注意，幽默可以引发严肃的讨论，哪些事情很无礼，哪些事情可以被接受，对于不同的人来说，答案不尽相同。我们不应该逃避这些讨论，因为学生们真的对这些话题很感兴趣。在讨论公民的权利时，最适合讨论笑话所引发的严肃问题，比如性别和文化等。

做一些卡片。在卡片的一半写上不同的笑点，另一半写上开头。把卡片随机分发给学生们，让学生们把笑点与开头匹配起来。如果你想把学生们两两分组，那就要有足够的卡片，确保能分到每个学生手上。

利用现有的环境丰富课堂

为什么

学习环境中的很多因素可以为学习增添乐趣：色彩、视觉、音乐、自然光（一些研究表明，日光灯比一些老式的电灯要好得多）、温度、气味和空气质量都有助于营造舒适的学习环境，并刺激学生的感官。当然，只有少数的教师能够完全控制他们的工作环境，不过就算不能改善环境中的全部因素，改善其中一部分也行。

户外环境包括充分利用学校场地，以及外出参观都可以提供大量实践学习的机会。外出参观应该仔细规划，把所有风险都考虑到。家门口就有许多“宝藏”，只要稍加想象就能变成供我们“猎取”的资源，丰富我们的学习。比如邀请来宾进课堂也是个重要因素，可以给学习环境带来变化，激发学生的学习动力。

如何做：线联网

世界万物紧密相联，学习主要是为了建立起概念、事实和抽象概念之间的联系。如果教室空间不足，用实物展示想法受限的话，那就考虑在墙壁和窗户上展示五彩缤纷的海报、图片，以及不同科目的主要观点。

每隔一段时间就让一组学生在展示的图片和观点之间画上彩色的线，以表示它们之间可能存在的某种关联。再过段时间，再让另一组同学用另一种颜色的笔表示不同的关联方式。一张海报可以和很多东西都有关联，网就意味着要有节点和集群。组织学生讨论一下，他们为什么选择这种关联方式，这些关联模式有什么意义。

要充分发挥想象力，围绕某个主题，从多个领域找到相关的优质素材，例如，水循环、气候模型、工业革命史、农业生产、运输和数学等都与全球变暖和气候变化相关，思考它们之间可建立起怎样的联系。

在课堂上播放音乐

为什么

不管是在怎样的空间学习，音乐都可以为其添加一个感官维度。音乐有助于减轻压力、缓解焦虑，特别是当学生刚进入教室，可以缓解他们的焦虑不安；音乐有助于人们静静的思考，也可以激发创造力；音乐有助于消除冷冰冰的空旷环境对学生的影响；音乐还可以提高学生的活跃度，让他们进入有意识的放松状态，而这正是接受性学习的理想状态。

近年来，一些研究认为，巴洛克音乐——创作于1600年至1750年之间，对学习最有效，可能是因为这些音乐每分钟有60拍，和放松时的心率接近。然而，许多学生觉得莫扎特和巴赫的音乐是“古典”音乐，所以很抗拒。可以试着用一些节奏相同但更为现代的音乐。好像纯音乐最适合学习，因为歌词容易分散注意力。

可以尝试播放不同类型的音乐，找到最适合实现你的目的的音乐。例如，要让学生活跃起来，就要选些欢快的音乐；如果是让学生放松，慢一些的音乐更适合。一定要注意音乐的多样性，音乐不要一直放着，否则你和学生就会忘了音乐还开着。如果有些学生还是不欣赏你选择的音乐类型，那就偶尔让他们带一些他们喜欢的音乐，然后讨论一下，这种音乐为什么对他们有吸引力。

如何做

建议在课堂上播放音乐的情况：

- 在某节课或某个主题开始前播放音乐，营造气氛。学生们可以将学习内容与音乐建立联系，这样不容易忘记，有助于巩固学习。
- 在结束一节课、一个主题或流程时播放音乐。
- 播放背景音乐，活跃离场的氛围。

- 播放音乐来让学生们放松，缓解压力。
- 改变一个团队的活跃度。可以让过于活跃的团队平静下来，也可以让过于安静的团队充满活力。
- 音乐可辅助学生们想象。
- 为角色扮演或展示提供配乐。
- 在写作、绘画等创作类活动时，有助于学生们安静地思考。
- 在音乐和所学内容间建立起关联，后期有助于回忆所学内容。

鼓励提问

为什么

这一部分的很多活动旨在营造喜欢琢磨、好奇的氛围。学习者越有思索、质疑的习惯，就越能把其当成一种行为方式，学习就越有趣。作为教师，我们走进课堂后也经常用提问来开始一节课。我们提的问题应该是我们感兴趣，却不知道答案的问题。可以和学生展开讨论，探讨这个问题为什么有趣，为什么无聊，以及可以通过哪些渠道来寻找问题的答案。如果某个问题的确特别"尖锐"，那就把它作为学生的家庭任务，也就是说，让全家人都参与进来，共同解答。在学期结束时，评出最佳解决方案，给予一定的奖励。

由哲学家马修·利普曼发起的"团体探索"效果就很好。全班同学坐成一圈，围绕图书或报纸上的一个故事，想出一些有深度的问题，并展开讨论。这里的篇幅不够，不能把这种方法展开来说，但很多学生发现这个办法很有吸引力。

小贴士

可登录www.sapere.org.uk，了解儿童哲学（P4C）这一栏目。可以学习上面经过认证的培训课程，一旦你达到一级水平，你就会看到这种方法的效果，并且具备运用这种方法的能力。

如何做：提问区

有一种方法，可以鼓励学生提出开放式的问题，效果立竿见影，那就是在班里开辟一个提问区。可以挂一块黑板或贴一张纸，甚至可以是个虚拟的空间，放上类似下面的大标题。

我仍然对……感到困惑。

我们能在……再花些时间吗?

我们可以通过……来提高吗?

“如果……呢?”

鼓励学生在上课期间提出自己的问题，归在各个标题下，可以一有问题就提出，也可以在固定的时间提出问题。在我们忘记心中的困惑之前，主动把问题提出来当然最好。鼓励学生提出建设性、鼓励性的建议。学生提出问题后，要回复那些建设性的建议，要认真对待他们的问题，从而形成爱提问的风气。可以围绕话题，提出一些“如果……”的问题，不过要想设计的问题有一定难度，很难做到。

视觉游戏

为什么

智力游戏对学习至关重要，和其他游戏一样，其可用于热身、破冰，也可以在高强度的活动后让学生们放松一下。而且与身体对抗游戏不同，智力游戏不需要太多空间，也不需要重新布置教室，所有智力游戏都可以作为团建活动。

智力游戏并不总是语言类或数字类，许多学生们喜欢靠视觉来学习，所以图形类智力游戏对他们很有吸引力。

- 在介绍某个主题前，找两张与主题相关且几乎一模一样的图片，要求学生们找出不同之处，他们在找不同的时候，会把图片上与主题相关的信息都吸收进去。
- 找出图中的错误，也值得尝试。在学习家庭或实验室的健康问题和安全问题时，这个活动可以找出某个场所的安全隐患。

- 以独特的角度拍摄手工艺品的照片相对来说很容易，在讲解手工艺品前，先让学生看这些照片，会是个有趣的开始。
- 用符号而不是数字或字母来排序，有助于学生提高抽象能力。
- “快速绘图”的游戏要求学生用图画来表示标题、人物或物品的名字。这个游戏可以增加主题学习的乐趣，也可以让那些比起文字来说更擅长图片的学生有机会脱颖而出。

如何做：视觉幻象

视觉幻象，特别是那些必须在一张图里找到两个图像的图片很有趣，也促使我们不能只从一个角度看待问题，而这在讨论公民权利等话题时可以专题讨论。

在网上很容易找到视觉幻象，除了在课堂上使用，你还可以把这些图片展示在教室里。比如，在使用视觉幻象图片时，我们可以问以下几个问题：

这条曲线是一条螺旋线还是几条螺旋线？

在这幅图中你能看到几个女人？

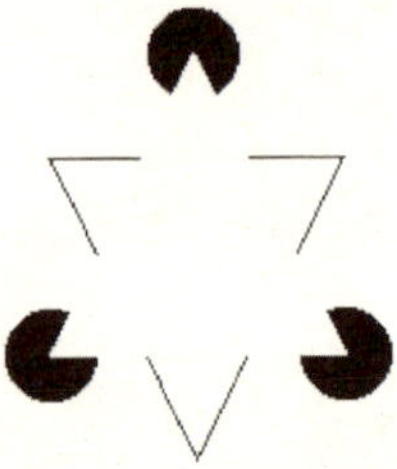

这幅图中有多少个完整的三角形？

这张照片展示的情况可能出现吗？如果不可能，为什么呢？

文字游戏与字谜

为什么

填字游戏有许多变式，可用于所有主题和话题，同时，单词搜索也很流行。如果让学生搜索问题的答案而不仅仅是搜索单词时，这个游戏更有吸引力。但是，注意不要过度使用这些游戏，因为学生会觉得乏味。

很多电脑程序可以制作填字游戏和单词搜索，或者你可以给学生布置一个任务，让他们自己制作谜题，交给其他同学去破解。还有另外一种选择，就是给年级小一些的学生制作谜题，让低年级的学生破解，并反馈谜题受欢迎的程度。

其他类型的字谜有“找词练习”（见本书第102页），这个游戏的正确答案可能不只一个，学生把其中一个剔除掉后，必须说出自己的判断标准。还有“全面复习”（见本书第101页），从一个长单词中找单词，找得越多越好，然后把那些造成干扰的单词去掉。

小贴士

想了解文字游戏和谜题，请登录www.funs.co.uk/wordsearch/index.htm和www.funbrain.com/detect等网站。想寻找谜语和笑话，可登录www.justriddlesandmore.com或www.riddlenut.com。

如何做

脑筋急转弯是另一种字谜，要从读音上找出线索，并理解单词的双重含义。例如，什么东西全身是黑、白、红（阅读）的？（报纸或书）（在英文中，红色red和阅读的被动式read读音相同。——译者注）语言类脑筋急转弯则通常涉及推理，需要找出误导之处。比如，“一架飞机在法国和西班牙边境坠毁，幸存者被埋在哪里？”（幸存者没有被埋葬，因为他们还活着。）“父子俩出了车祸，父亲去世了，男孩受了重伤，被送到医院动手术。外科医生来到手术室说：‘我不能给这个男孩做手术，他是我的儿子。’解释一下为什么？”（外科医生是男孩的母亲。）解答这样的脑筋急转弯时，可以先对假设和误解进行讨论，然后再看证据和文本。

回文（指顺读和倒读都相同的词汇成句子）是很好的脑筋急转弯的素材，例如：

读起来像一个字母，写起来有三个，但不同的字母只有两个；有单也有双，有黑有蓝也有灰；可以从左到右念，也可以从右到左念，反正都一样。

答案：眼睛（EYE）

把脑筋急转弯写在墙上或放在课桌上，让学生在上课时分组思考这些脑筋急转弯是如何构成的，鼓励学生自己想些脑筋急转弯。

逻辑和数字谜题

为什么

非语言类谜题深受数学/逻辑能力强的学生的欢迎。当下数字谜题很多，比如数独和数独的许多变体，在报纸、书籍和互联网上随处可见（如www.websudoku.com或www.dailysudoku.com/sudoku/index.shtml）。数独使用的是数字，通常是1～9，也可以用9个不同的字母代替，这些字母可以是某系列单词的首字母，这样的话，数独就变成了一种记忆方法，除此之外也可以用符号代替数字。让学生们自己编数独游戏，互相解答，这种训练颇有益处。

其他类型的数字谜题还有纵横填数字游戏，填的是数字而不是单词，线索就是数字之和。还有找数字游戏，和找单词游戏类似，数字之和以及问题的答案就藏在随机的数字中。同样，可以给学生们布置任务，让他们自己出题。

视觉逻辑谜题可以是在一个大图中找出某图形的数量，例如，一个大三角形中有几个三角形（见本书第156页），也可以要求观察者以看似不可能的方式重新排列图形。迷宫可以制作成与主题或科目相关的形状。有很多关于迷宫的书和网站，如www.clickmazes.com或www.logicmazes.com。

小贴士

参阅大卫·威尔斯的著作或登录www.jimloy.com/puzz/match.htm，了解趣味谜题大全（包括许多数字谜题）。

如何做

过河问题是个有趣的视觉逻辑谜题，理解起来也不复杂。下面所举的第二个谜题也可以通过角色扮演来破解。

有一个人，一只小猪，一只狐狸和一棵卷心菜要过河

- 这条船每次只能载一个人和另外一件东西/一只动物过河
- 狐狸不能和猪在一起
- 小猪不能和卷心菜在一起

他们该怎么过河呢？

嫉妒的朋友

- 有三对朋友要过河
- 这艘船一次最多可载三人
- 每个人都不能让他的朋友单独待在船上或单独待在岸边

（否则他们就可能和别人交朋友，那他们就不再是最好的朋友了）

最少渡几次，所有人才能都过河？

沙漠挑战

罗瑟勒姆市一位出色的老师克雷格·罗伯茨设计了这款游戏，

让学生接受挑战，享受乐趣。登录www.challengeclub.info可查看这款游戏的详细信息。克雷格说，他教的小学生们对这个问题非常着迷，他们花了整整一个月的时间来研究解决方案，甚至还用上了电脑模拟。

你所在的营地位于沙漠边缘，营地的士兵急需医疗用品，而必须穿越600英里（约965.6米）的沙漠才能拿到医疗用品。包括油箱里的燃料在内，卡车载的燃料只够开400英里（约643.7米），而营地里的燃料很充足。你可以把燃料倒在路上，以备加油使用。你怎样才能安全穿越沙漠，把补给带回来呢?

可以用模型、纸张或计算机来设计解决方案，这样可以吸引喜欢用不同方式解决问题的学习者。

开展多种课堂游戏

为什么

用游戏让学生开心，提高他们的活力，很容易就能做到。并非所有的游戏都需要重新布置教室，也不是所有游戏都需要让学生去户外玩耍。在一项活动快结束时，或者在一项很费劲的活动结束后正在休息时，或者是在一节课还剩几分钟的时候，玩个即兴游戏，通常都会很有趣。

应该记住的是，并不是所有学生都喜欢玩游戏，有些学生甚至很害怕玩游戏。所以一定要把规则说清楚，并且一定要坚持基本原则，鼓励学生们相互帮助。尽量避免玩竞争太激烈的游戏，尤其不要玩太多要“淘汰”人的游戏。最重要的是，游戏的种类要丰富。

如何做

追随“教官”

参与者可以坐在课桌前，也可以坐在桌子边，只要保证他们能看到其他人。让一个人出去，选房间里的一个人当“教官”，房间里的其他人都必须模仿“教官”的动作，他做什么，大家就做什么。他们还应该做些其他动作，发出一些声音，以分散注意力。外面的那个人回来后，必须猜出哪个人是“教官”的。猜的人有三次机会，如果猜对了，刚才的“教官”就要出去，由他来猜；如果猜错了，之前猜的人就得出去再试一次。

同时站起来

这个游戏看似简单，但实际上非常难。这个游戏有助于练习用语言外的提示把团队成员团结起来，也有助于快速激发学生活力。玩这个游戏的时候不能说话，所有人都坐在椅子上，并且保证每个人都能看到其他人。他们要完成的任务是：两个人，只能是两个人同时站起来。他们想什么时候站就什么时候站，但站起来后，他们必须再坐下来，两个人必须完全同步。

1-2-3-4

让学生三人一组，面对面坐着，每个人伸出一只拳头。一边喊“1-2-3-4”（他们只能说这几个数字），一边把拳头上下摇四次。数到4时，每个人伸出手指，可以是0~5之间的任意数字。游戏的目标是：三个人都不说话，总共能伸出11根手指。一旦他们成功了，就试试用两只手，让手指数达到23个。

恢复大脑活力

为什么

有些短小精练的活动可以让大脑得到休息，帮助大脑恢复活力，重新集中注意力。“大脑健身”在《卫报》“糟糕的科学”专栏中出现过，而且就此还有一些相当夸张的言论。不过，很多老师很依赖这些活动。在一节课刚开始或学生开始走神的时候，这样的活动很管用，对于长时间坐着不动对孩子们（以及成年人）来说，也有一定难度。而这些活动可以让课程中断一会儿，让学生有计划活动，使大脑恢复活力。

研究表明，“鼻子耳朵换”“交叉爬行”等需要交叉身体的锻炼可以改善协调性，提高视觉、听觉和动觉能力，甚至可以提高听力、写作能力和记忆力。研究表明，仅仅是站起来活动身体，就能帮助大脑吸进更多氧气。尽管人们对此研究存在质疑，但这些活动确实很有趣，且有助于激发学习活力。

最好是在学习过程中穿插这些活动，让大脑得到休息，不要一下子把时间都用完。

如何做

可以试试下面这些游戏，让大脑休息一下。

鼻子耳朵换

用左手轻轻捏一下右耳朵，然后用右手轻轻捏一下鼻子。然后换过来，用右手捏左耳朵，左手捏鼻子，并逐渐加快速度。

交叉爬行

先站立，然后跟着拍子向前走。抬起膝盖时，用另一侧的胳膊肘去碰膝盖。

空中写字

用你习惯用的手写一个字母，然后练习在空中写不同的字母。接下来用另一只手把字母反着写出来。接下来，试着写下你的全名。如果你是右撇子，先写中间，再写两边。如果你是左撇子，先写外面，再写里面。还可以试试写些关键字、公式、难写的单词等。

写数字8

把一只胳膊伸出来，大拇指向上，在空中写出数字8，8应该写在大拇指的一侧。用夸张的动作慢慢写出8的时候，两只眼睛要盯着大拇指，保持头不动，连续用更夸张的动作再写三个8。再换另一只手来写8，然后把两只手握在一起，再写8。

或者用一只手写一个8，然后，另一只手从中间开始，沿相反的方向来写8。这样，你就是向上移动右手来写8，向下移动左手来写8。

脑筋急转弯

为什么

对于年轻人来说，要想让他们真正享受学习内在的乐趣，全身心投入学习，养成爱问问题、爱琢磨的态度至关重要。我们都需要养成爱解决开放式、复杂问题的习惯，这其中一些问题的解决方案可能不止一个。要养成这种爱琢磨的思维方式，就要营造出有趣的、有利于思考的氛围。脑筋急转弯有很多种形式，前面已经给出了一些视觉类和逻辑类的例子，要想获取更多信息，还可以访问一个有趣的网站：www.niehs.nih.gov/kids/braint.htm。

在学生们进教室之前，就把谜语或脑筋急转弯写在纸上或卡片上，放在桌子上。这样的热身活动很有用，因为学生们一坐下来就能开始解题。这些问题必须有一定的挑战性，确保第一个来的学生在其他学生看到问题之前还解答不出来。或者，拿一些与主题相关的有趣物件或图片，让第一个来的学生在其他同学进教室时研究一下这些是什么。如果全班同学都到了，那就限定一定的时间，这样活动可以快点结束。

再强调一次，如果连续过度组织某种活动，可能会浇灭学生的热情之火，所以要注意活动的多样性，使用的时候要巧妙。例如，在学生进入教室的时候，可以同时组织几种活动。或者把某项工作完成后的时间规定为解谜俱乐部时间，或者轮流使用，快速转换，在活跃课堂气氛的同时激发学生活力。要让学生分组合作完成，如果有必要的话，给出一定时间，让学生带回家去，和家人一起完成。

如何做

趣味算数

学生两个或三个人为一组，把骰子掷三次，得到一个三位数。

答案：easy on the eyes眼睛放轻松，touch down攻方持球触地得分，about turn转身，black overcoat黑色大衣，double time双倍工资，shifting sand流沙，hurry up快点，stop following me别跟着我，split level层阶式，neonlight霓虹灯，long weekend长周末，reading between the lines体会言外之意，dark ages黑暗时代，crossroads十字路口，paradise（ouch！）天堂（哎哟！），split decision非一致性决定，tricycle三轮车，downtown市中心，backwards glance向后看。

把这个数字写在黑板上，让各个小组说出三个两位数和三个一位数。每个小组在两分钟时间内通过加减乘除这6个数字，让最终得数尽可能接近那个三数字，每个数字只能使用一次。

脑筋急转弯

在开始上课前，给每个小组布置一个脑筋急转弯，让他们思考。例如，一个人把车推过了拐角处，在一家旅馆门前停了下来，马上就知道自己破产了。为什么？

答案：他正在玩大富翁。

数列

把纸放在桌子上，这样学生一进来就能看到。让他们找规律，接数列，并解释他们是如何完成的。例如，OTTFFSSE，接下来的两个字母是什么？

答案：是NT（上面每个字母按顺序代表了从1～10这10个数字英文单词的第一个字母）。

你能在上面挖个洞，走过去吗？

拿一张A4纸，在上面挖一个洞，在不破坏A4纸四周的情况下从洞里走过去。这件事可以做到的，让学生自己去思考、解决吧！

字谜脑筋急转弯（答案见本书第172页）

EZ iiiiii	T O U C H	AB O U T	BLACK COAT
TIME TIME	S A N D	HURRY	ME STOP
LE VEL	KNEE LIGHT	W E E K E N D	
RIEIAIDIIINIGI	**AGES**	R ROAD A D	DICE DICE
DEC ISION	CYCLE CYCLE CYCLE	T O W N	ECNALG

使用挑战框架

为什么

为了使这本书更加完善，请将这些活动组合在一起，解决一个持续很久的难题，一个开放性的问题或难以实现的设计目标。学习者喜欢接受挑战，给他们出的这些难题需要团队合作，发挥每个人的长处，所以有利于锻炼他们的耐力、合作能力和解决问题的能力。设计活动确实需要一些时间，不过，从我们暑期学校施行的学习框架来看，这些时间用得很值，因为设计活动本身就很有趣。而且，如果和同事一起好好规划，可以从常规的活动中脱身，做些真正不同的、有意义的事情。

如何做

第一龄大学（UFA）已经成功使用了这个框架，让学生享受在暑假学习的乐趣。首先，要想一个能吸引学习者的任务，这个任务很可能就是学生自己想出来的。告诉他们，暑假结束后，他们将展示自己的成果，而且将举行庆祝活动。例如，任务可以是在社区建一个感官花园，就空间或环境等主题开展研究等。

1. 破冰游戏和相互了解的游戏。

2. 融入团队、决定如何沟通或确定沟通规则的游戏。

3. 理解我们作为学习者的优势（如多元智能，同时也要反思弱点），我们如何利用对自身的认识来应对挑战？

4. 理解难点所在，计划、设计完成任务的方案。

5. 询问专家，寻找证据并制订解决方案。以戏剧、哑剧、歌曲、海报、表格、日记等多种方式来展示调查结果。

6. 可以以调查、证人和专家作为支撑。

7. 准备方案展示团队学习成果。

8. 展示并赞赏学习成果，邀请专业人士和贵宾参加分享活动。

9. 每天要做学习游戏，用以激发动力，复习学到的东西，这样学习者就很清楚自己每天所取得的进步。

10. 如果有可能的话，在学生中间组建一个新闻小组，每天出一份公告，最后制作一份总结性的报纸。这样有助于增加乐趣，让学习过程更有挑战性。

“常青藤”书系—中青文教师用书总目录

	书名	书号	定价
	特别推荐——从优秀到卓越系列		
★	从优秀教师到卓越教师：极具影响力的日常教学策略（入选浙江省教师节用书）	9787515312378	33.8
★	从优秀教学到卓越教学：让学生专注学习的最实用教学指南	9787515324227	39.9
★	从优秀学校到卓越学校：他们的校长在哪些方面做得更好	9787515325637	33.8
★	卓越课堂管理（中国教育新闻网2015年度“影响教师的100本书”）	9787515331362	68.0
	名师新经典/教育名著		
★	马文・柯林斯的教育之道：通往卓越教育的路径（两度拒任美国教育部长的当代传奇教师。朱永新倾情作序，李希贵、哈佛大学幸福课沙哈尔、斯坦福大学德韦克教授力荐）	9787515355122	49.8
	如何当好一名学校中层：快速提升中层能力、成就优秀学校的31个高效策略	9787515346519	29.0
	像冠军一样教学：引领学生走向卓越的62个教学诀窍	9787515343488	49.0
	像冠军一样教学 2：引领教师掌握62个教学诀窍的实操手册与教学资源	9787515352022	68.00
★	如何成为高效能教师（美国最畅销教师用书，销量超过350万册，教师培训第一书）	9787515301747	89.00
★	给教师的101条建议（第三版）（《中国教育报》“最佳图书”奖）	9787515342665	33.00
★	改善学生课堂表现的50个方法（入选《中国教育报》“影响教师的100本书”）	9787500693536	33.00
	改善学生课堂表现的50个方法操作指南：小技巧获得大改变	9787515334783	29.00
★	优秀教师一定要知道的17件事（美国当前最有影响教育畅销书作者全新力作）	9787515342726	23.00
	美国中小学世界历史读本 / 世界地理读本 / 艺术史读本	9787515317397等	106.0
	美国语文读本1–6	9787515314624等	252.7
	和优秀教师一起读苏霍姆林斯基	9787500698401	27.00
	快速破解60个日常教学难题	9787515339320	33.00
★	美国最好的中学是怎样的——让孩子成为学习高手的乐园	9787515344713	28.00
	建立以学习共同体为导向的师生关系：让教育的复杂问题变得简单	9787515353449	33.80
	教师成长/专业素养		
	像领袖一样教学：改变学生命运，使学生变得更好（中国教育新闻网2015年度“影响教师的100本书”）	9787515355375	49.00
	你的第一年：新教师如何生存和发展	9787515351599	33.80
	教师精力管理：让教师高效教学，学生自主学习	9787515349169	28.00
	如何使学生成为优秀的思考者和学习者：哈佛大学教育学院课堂思考解决方案	9787515348155	39.80
	反思性教学：一个已被证明能让所有教师做到最好的培训项目（30周年纪念版）	9787515347837	49.00
★	凭什么让学生服你：极具影响力的日常教育策略（中国教育新闻网2017年度“影响教师的100本书”）	9787515347554	28.00
	运用积极心理学提高学生成绩（中国教育新闻网2017年度“影响教师的100本书”）	9787515345680	39.80
★	可见的学习与思维教学：让教学对学生可见，让学习对教师可见（中国教育报2017年度“教师最喜爱的100本书”）	9787515345000	29.80

书名	书号	定价
见的学习与思维教学：成长型思维教学的54个教学资源：教学资源版	9787515354743	36.00
学是一段旅程：成长为卓越教师你一定要知道的事	9787515344478	39.00
奈特·布鲁肖写给教师的101首诗	9787515340982	35.00
人迷老师养成宝典学习指南	9787515340784	28.00
小学教师职业道德培训手册：师德的定义、养成与评估	9787515340777	32.00
为顶尖教师的10项修炼（中国教育新闻网2015年度“影响教师的100本书”）	9787515334066	35.00
E. T. 教师效能训练：一个已被证明能让所有年龄学生做到最好的培训项目 0周年纪念版）（中国教育新闻网2015年度“影响教师的100本书”）	9787515332284	39.00
学需要打破常规：全世界最受欢迎的创意教学法（中国教育新闻网2015年度“影 教师的100本书”）	9787515331591	33.00
0天卓越教师自我培训（教育家安奈特·布鲁肖顶尖卓越教师培训教材）	9787515329925	29.00
给幼儿教师的100个创意：幼儿园班级设计与管理 / 为幼升小做准备	9787515330310等	58.00
给小学教师的100个创意：发展思维能力	9787515327402	29.00
给中学教师的100个创意： 如何激发学生的天赋和特长 / 杰出的教学 / 快速改善学生课堂表现	9787515330723等	87.90
以学生为中心的翻转教学11法	9787515328386	29.00
如何使教师保持职业激情	9787515305868	29.00
如何培训高效能教师：来自全美权威教师培训项目的建议	9787515324685	32.00
良好教学效果的12试金石：每天都需要专注的事情清单	9787515326283	29.90
让每个学生主动参与学习的37个技巧	9787515320526	28.00
给教师的40堂培训课：教师学习与发展的最佳实操手册	9787515352787	39.90
提高学生学习效率的9种教学方法	9787515310954	27.80
优秀教师的课堂艺术：唤醒快乐积极的教学技能手册	9787515342719	26.00
万人迷老师养成宝典（第2版）（入选《中国教育报》“2010年影响教师的100本书”）	9787515342702	29.00
高效能教师的9个习惯	9787500699316	23.00
好老师可以避免的20个课堂错误（入选《中国教育报》“2010年影响教师的100本书”）	9787500688785	21.50
课堂教学/课堂管理		
让学习变得有趣	9787515357782	39.00
如何利用学校网络进行项目式学习和个性化学习	9787515357591	39.90
基于问题导向的互动式、启发式与探究式课堂教学法	9787515356792	49.00
如何在课堂中使用讨论：引导学生讨论式学习的60种课堂活动	9787515357027	38.00
如何在课堂中使用差异化教学	9787515357010	39.90
如何在课堂中培养成长型思维	9787515356754	39.90
每一位教师都是领导者：重新定义教学领导力	9787515356518	39.90
教室里的1-2-3魔法教学：美国广泛使用的从学前到八年级的有效课堂纪律管理	9787515355986	39.90

书名	书号	定价
如何在课堂中使用布卢姆教育目标分类法	9787515355658	39.0
如何在课堂上使用学习评估	9787515355597	39.0
7天建立行之有效的课堂管理系统：以学生为中心的分层式正面管教	9787515355269	29.9
积极课堂：如何更好地解决课堂纪律与学生的冲突	9787515354590	38.0
设计智慧课堂：培养学生一生受用的学习习惯与思维方式	9787515352770	39.0
追求学习结果的88个经典教学设计：轻松打造学生积极参与的互动课堂	9787515353524	39.0
从备课开始的100个课堂活动设计：创造积极课堂环境和学习乐趣的教师工具包	9787515353432	33.8
老师怎么教，学生才能记得住	9787515353067	48.0
多维互动式课堂管理：50个行之有效的方法助你事半功倍	9787515353395	39.8
智能课堂设计清单：帮助教师建立一套规范程序和做事方法	9787515352985	49.9
提升学生小组合作学习的56个策略：让学生变得专注、自信、会学习	9787515352954	29.9
快速处理学生行为问题的52个方法：让学生变得自律、专注、爱学习	9787515352428	39.0
王牌教学法：罗恩·克拉克学校的创意课堂	9787515352145	39.8
让学生快速融入课堂的88个趣味游戏：让上课变得新颖、紧凑、有成效	9787515351889	39.0
★ 如何调动与激励学生：唤醒每个内在学习者（李希贵校长推荐全校教师研读）	9787515350448	39.8
合作学习技能35课：培养学生的协作能力和未来竞争力	9787515340524	45.0
基于课程标准的STEM教学设计：有趣有料有效的STEM跨学科培养教学方案	9787515349879	68.0
如何设计教学细节：好课堂是设计出来的	9787515349152	39.0
15秒课堂管理法：让上课变得有料、有趣、有秩序	9787515348490	33.80
混合式教学：技术工具辅助教学实操手册	9787515347073	39.80
从备课开始的50个创意教学法	9787515346618	29.00
中学生实现成绩突破的40个引导方法	9787515345192	33.00
给小学教师的100个简单的科学实验创意	9787515342481	39.00
老师如何提问，学生才会思考	9787515341217	33.80
教师如何提高学生小组合作学习效率	9787515340340	29.00
卓越教师的200条教学策略	9787515340401	35.00
中小学生执行力训练手册：教出高效、专注、有自信的学生	9787515335384	33.80
从课堂开始的创客教育：培养每一位学生的创造能力	9787515342047	33.00
提高学生学习专注力的8个方法：打造深度学习课堂	9787515333557	35.00
改善学生学习态度的58个建议	9787515324067	25.00
★ 全脑教学（中国教育新闻网2015年度"影响教师的100本书"）	9787515323169	38.00
★ 全脑教学与成长型思维教学：提高学生学习力的92个课堂游戏	9787515349466	39.00
★ 哈佛大学教育学院思维训练课	9787515325101	36.00
完美结束一堂课的35个好创意	9787515325163	28.00

书名	书号	定价
如何更好地教学：优秀教师一定要知道的事（被英国教育界奉为圣经的教学用书）	9787515324609	36.00
带着目的教与学	9787515323978	28.00
美国中小学生社会技能课程与活动（学前阶段/1-3年级/4-6年级/7-12年级）	9787515322537等	153.80
彻底走出教学误区：开启轻松智能课堂管理的45个方法	9787515322285	28.00
破解问题学生的行为密码：如何教好焦虑、逆反、孤僻、暴躁、早熟的学生	9787515322292	36.00
133个教学难题解决手册	9787515320502	28.00
让学生爱上学习的165个课堂游戏	9787515319032	39.00
美国学生游戏与素质训练手册：培养孩子合作、自尊、沟通、情商的103种教育游戏	9787515325156	36.00
老师怎么说，学生才会听	9787515312057	28.00
快乐教学：如何让学生积极与你互动（入选《中国教育报》"影响教师的100本书"）	9787500696087	29.00
老师怎么教，学生才会提问	9787515317410	29.00
快速改善课堂纪律的75个方法	9787515313665	28.00
教学可以很简单：高效能教师轻松教学7法	9787515314457	39.00
好老师应对课堂挑战的25个方法（《给教师的101条建议》作者新书）	9787500699378	25.00
好老师激励后进生的21个课堂技巧	9787515311838	23.80
开始和结束一堂课的50个好创意	9787515312071	29.80
好老师因材施教的12个方法（美国著名教师伊莉莎白"好老师"三部曲）	9787500694847	22.00
如何打造高效能课堂（美国《学习》杂志"教师必选"奖，"激励教师组织"推荐书目）	9787500680666	29.00
合理有据的教师评价：课堂评估衡量学生进步	9787515330815	29.00
班主任工作/德育		
北京四中8班的教育奇迹	9787515321608	36.00
师德教育培训手册	9787515326627	29.80
中小学教师职业道德培训手册：师德的定义、养成与评估	9787515340777	32.00
好老师征服后进生的14堂课（美国著名教师伊莉莎白"好老师"三部曲）	9787500693819	25.00
优秀班主任的50条建议：师德教育感动读本（《中国教育报》专题推荐）	9787515305752	23.00
学校管理/校长领导力		
重新设计一所好学校：简单、合理、多样化地解构和重塑现有学习空间和学校环境	9787515356129	49.00
让樱花绽放英华	9787515355603	79.00
学校管理者平衡时间和精力的21个方法	9787515349886	29.90
校长引导中层和教师思考的50个问题	9787515349176	29.00
如何定义、评估和改变学校文化	9787515340371	29.80
优秀校长一定要做的18件事（入选《中国教育报》"2009年影响教师的100本书"）	9787515342733	26.00
学科教学/教科研		
美国学生写作技能训练	9787515355979	39.90

书名	书号	定价
《道德经》妙解、导读与分享（诵读版）	9787515351407	49.00
京沪穗江浙名校名师联手教你：如何写好中考作文	9787515356570	49.90
京沪穗江浙名校名师联手授课：如何写好高考作文	9787515356686	49.80
★ 人大附中中考作文取胜之道	9787515345567	39.80
★ 人大附中高考作文取胜之道	9787515320694	33.80
★ 人大附中学生这样学语文：走近经典名著	9787515328959	33.80
四界语文（中国教育报2017年度“教师喜爱的100本书”）	9787515348483	49.00
让小学一年级孩子爱上阅读的40个方法	9787515307589	30.00
让学生爱上数学的48个游戏	9787515326207	26.00
轻松100 课教会孩子阅读英文	9787515338781	88.00
情商教育/心理咨询		
9节课，教你读懂孩子：妙解亲子教育、青春期教育、隔代教育难题	9787515351056	39.80
★ 学生版盖洛普优势识别器（独一无二的优势测量工具）	9787515350387	169.00
与孩子好好说话（获“美国国家育儿出版物（NAPPA）金奖”，沟通圣经）	9787515350370	39.80
中小学心理教师的10项修炼	9787515309347	36.00
★ 别和青春期的孩子较劲（增订版）（入选《中国教育报》“2009年影响教师的100本书”）	9787515343075	28.00
★ 100条让孩子胜出的社交规则	9787515327648	28.00
守护孩子安全一定要知道的17个方法	9787515326405	32.00
幼儿园/学前教育		
美国儿童自然拼读启蒙课：至关重要的早期阅读训练系统	9787515351933	49.80
幼儿园30个大主题活动精选：让工作更轻松的整合技巧	9787515339627	39.80
★ 美国幼儿教育活动大百科：3-6岁儿童学习与发展指南用书 科学 / 艺术 / 健康与语言 / 社会	9787515324265等	600.00
蒙台梭利早期教育法：3-6岁儿童发展指南（理论版）	9787515322544	29.80
蒙台梭利儿童教育手册：3-6岁儿童发展指南（实践版）	9787515307664	25.00
★ 自由地学习：华德福的幼儿园教育	9787515328300	29.90
赞美你：奥巴马给女儿的信	9787515303222	19.90
史上最接地气的幼儿书单	9787515329185	39.80
教育主张/教育视野		
培养改变世界的学习者：美国最好的教育给我们的启示	9787515356877	39.90
教出阅读力	9787515352800	39.90
为学生赋能：当学生自己掌控学习时，会发生什么	9787515352848	33.00
如何用设计思维创意教学：风靡全球的创造力培养方法	9787515352367	39.80
如何发现孩子：实践蒙台梭利解放天性的趣味游戏	9787515325750	32.00

书名	书号	定价
如何学习：用更短的时间达到更佳效果和更好成绩	9787515349084	49.00
教师和家长共同培养卓越学生的10个策略	9787515331355	27.00
如何阅读：一个已被证实的低投入高回报的学习方法	9787515346847	39.00
芬兰教育全球第一的秘密（珍藏版）(《中国教育报》等主流媒体专题推荐）	9787515342610	28.00
世界最好的教育给父母和教师的45堂必修课(《芬兰教育全球第一的秘密》2）	9787515342696	28.00
杰出青少年的7个习惯（精英版）(中小学图书馆推荐书目、中国青少年必读书目）	9787515342672	39.00
杰出青少年的7个习惯（成长版）	9787515335155	29.00
杰出青少年的6个决定（领袖版）(中小学图书馆推荐书目、中国青少年必读书目、全国优秀出版物奖）	9787515342658	28.00
7个习惯教出优秀学生（第2版）(全球第一畅销书《高效能人士的七个习惯》教师版）	9787515342573	29.00
学习的科学：如何学习得更好更快（入选中国教育网2016年度“影响教师的100本书”）	9787515341767	39.80
杰出青少年构建内心世界的5个坐标（中国青少年成长公开课）	9787515314952	59.00
跳出教育的盒子（第2版）(美国中小学教学经典畅销书）	9787515344676	35.00
夏烈教授给高中生的19场讲座（入选《中国教育报》“2013年最受教师欢迎的100本书”）	9787515318813	29.90
学习之道：美国公认经典学习书	9787515342641	39.00
翻转学习：如何更好地实践翻转课堂与慕课教学（中国教育新闻网2015年度“影响教师的100本书”）	9787515334837	32.00
翻转课堂与慕课教学：一场正在到来的教育变革	9787515328232	26.00
翻转课堂与混合式教学：互联网+时代，教育变革的最佳解决方案	9787515349022	29.80
翻转课堂与深度学习：人工智能时代，以学生为中心的智慧教学	9787515351582	29.80
奇迹学校：震撼美国教育界的教学传奇（中国教育新闻网2015年度“影响教师的100本书”）	9787515327044	36.00
学校是一段旅程：华德福教师1–8年级教学手记	9787515327945	32.00
高效能人士的七个习惯（30周年纪念版）(全球畅销书）	9787515350585	79.00

扫码免费听
《高效能人士的七个习惯》有声书

您可以通过如下途径购买：

1. 书　　店：各地新华书店、教育书店。
2. 网上书店：当当网（www.dangdang.com）、亚马逊中国网（www.amazon.cn）、天猫（zqwts.tmall.com）
京东网（www.360buy.com）、第一街（www.diyijie.com）。
3. 团　　购：各地教育部门、学校、教师培训机构、图书馆团购，可享受特别优惠。
购书热线：010–65511270 / 65516873